パーソナルスタイリスト 杉山律子

クローゼットは3色でいい

KADOKAWA

1

多くのファッション本が出ている今。憧れの人のマネをして何着か
服を揃えてみたものの、なぜか素敵と言われない……。着まわせない……。
こんなことありませんか？
オシャレな人と同じ格好をしても、
なかなかかっこよく着こなせないものです。
どうしてでしょう？
それは、ファッションの基本をおさえていないから。
オシャレになるには順番があるのです。
オシャレの第一歩は自分を知ることです。
オシャレな人のマネではなく、自分の体型をいかすスタイルを知ること。
そして、最善の形と色を知ることです。

2

オシャレな人は、その人らしさをうまく表現できている人です。
憧れのイメージやモデルさんのマネをしてもうまくいかないのは、
顔も違えばスタイルも違うから。
あなたのスタイル、いいところ、隠したほうがいいところ、知っていますか?
オシャレな人は、自分のそういうところを熟知して、
自分が一番かっこよく見えるスタイルを研究しているのです。
そう! オシャレな人とは流行をおさえている人ではなく、
その人という素材を最大にいかし、表現できている人なのです!
あなたという唯一の存在を輝かせられるのがこの本です。
楽しみながら、最高の自分スタイルを見つけていきましょう!

3

オシャレの基本を知りましょう。
たとえば、色について。
クローゼットは3色でいいのです。
色が溢れているから、コーディネートがバラバラになるのです。
トレンドカラーを取り入れて、オシャレになろうとしなくていいのです。
クローゼットをまとまる色「3色」にするだけでいい。
たったそれだけで、あなたらしさが確立され、
コーディネートがずっとしやすくなるのです。

4

基本アイテムをおさえましょう。

ファッション迷子さんに多いのが、
主役アイテムばかりを揃えてしまい、着まわしができないというもの。
なぜかコーデが決まらないのは、服の中で不協和音が流れているから。
まとまりのあるコーディネートをつくるために、
主役を引き立てる、基本アイテムを持つことです。
黒や白などのベーシックな色のシンプルなボトムス。シャツ。Tシャツ。
このような基本アイテムを揃えることから、オシャレは始まるのです。

5

この本では、ファッションの基本について
一歩一歩、ステップアップしていけるようになっています。
ぜひ、まず、この本のとおりにやってみてください。
気づいたら「オシャレ」って言われるようになっている……。
そんな「オシャレになるための順番」をわかりやすく紹介しています。
今まで、いろんなファッション本を読んでも
いまいち、オシャレになりきれなかった方へ。
簡単にできるコツばかりです。
ぜひ、読み進めてみてください。

はじめに

最近、以前と比べると安価な服が増えました。ファストファッションやネット通販など、流行のアイテムをより手に入れやすくなりました。

その一方で、服をたくさん持っているのに、着まわせない、人から素敵とほめられない、自分に合ったコーディネートがわからない、という人が多いのです。

以前と比べれば素敵な服が容易に手に入る環境になったのに、なぜか自分のオシャレに満足いかない人が相当数いらっしゃるように思います。

私はスタイリストの学校に入学後、スタイリストアシスタントとして現場経験を積み、スタイリストとして独立後はメディア多方面で仕事をしていました。昨年からパーソナルスタイリストとしての活動が始まり、のべ１５０人ほど、個人のスタイリングの相談にのっています。

みなさんとっても素敵で、服もたくさんお持ちなのに、ご自身に似合うスタイルがわからない、服の選び方がわからない、着まわせないという悩みをお持ちでした。

一方、整理収納アドバイザーとしても仕事をする中で、みなさんがクローゼットの中の服をうまく活用できていないことも知りました。

そんな悩みをお持ちの方が、ご自身で似合う服を選び、着まわすことができるようにと、考案したファッションの講座を基に、執筆したのがこの本です。


「オシャレになりたい」って誰もが思っていると思いますが、そもそも「オシャレな人」とはどんな人のことをいうのでしょうか。ちょっと考えてみてください。

トレンドのカラーやファッションを身にまとっている人？

モデルのようにスタイルがいい人？

私が思うに、オシャレな人というのは、ご自身の「雰囲気」や「体型」に「合っている」スタイルを知っている人ではないかと思っています。

そして、そのファッションによって、その人がより魅力的に輝くから「オシャレ」

に見えるのではないかと。
そう。「似合う服」を着るということ。
それがオシャレへの第一歩なのです。

そう考えるとどんなにトレンドの服を着ていても、周りから素敵と言われない理由がわかってきます。オシャレになりたくて、ファッション誌と同じ服を着ても、何だかしっくりこなかったのは「着る人」が違うから。顔立ちも違えば、体型も違う。
ファッション誌ではモデルさんたちの顔立ち、雰囲気に合わせて服を選んでいるから、素敵なのです。その人に合ったオシャレをしているから、輝いているのであって、それを他の人が着てもしっくりこないのです。

さらに、モデルさんのようなスタイルだったら何でもオシャレに見えるかというと、それも違います。なぜなら、「着こなし力」が違うからです。Tシャツとジーンズだけでもかっこよく見える人、いますよね。それは、それぞれの洋服の見せ方を知っていて、最大限に服の要素を発揮できているからかっこよく見えるのです。全体のバランス、形、色をどう揃えるか。どうしたらかっこよく見えるのか。そう、オシャレには素敵に着こなす、基本を知ることが必要です。

ここまでをまとめると、「オシャレ」になるには、

1　「似合う服」を着ること

2　スタイルよく見える「着こなし方の基本」を知ること

この2点が必要になります。

この本では、これらが身につくようになっています。

「着こなし力」は、ファッションに向き合った分だけ「体得」していけるものだと思っています。階段を上るように一歩一歩上がっていくようなものだと思うのです。

基本を知らない人が、上級者のマネをして、いきなりトレンドファッションに身をつつみ、洋服をかっこよくアレンジしようとしても「頑張っている感」だけが目立って、着こなせないままで終わってしまいます。

そう。

オシャレに飛び級は禁物。

でも、上るべき階段を知っていれば、そんなに難しいことはありません。

オシャレの基本について、初心者の人でも一歩一歩ステップを踏むことで、気づいたら「着こなし力」が身についている……。いつの間にか、かっこいいアイテムを着こなせるようになっている。そうなるのがこの本です！

この本では、元メディアでスタイリストをしていた私が、パーソナルスタイリストになってたどり着いた「オシャレの順番」をわかりやすく紹介しています。

頑張っているのにオシャレになりきれない方の多くは……

・ご自身の体型を知らない

・シンプルな形の基本アイテムを持っていない

・色を多く使いすぎる

この本では、これらを改善し、少ない服で、あなたの体型をいかした雰囲気のある着こなしのコツをまとめています。

形や色など、これまでのファッションを否定されるような気がするときもあるかもしれませんが、気になるところからでもいいので、まずは読んでみてください。

読み終わった後には、あなたのクローゼットがきっと輝いてくると思います。

「この服が使えそう」「この服はもう少ししてからチャレンジしてみよう」。そんな気持ちがわいてくるでしょう。あなたの体型をいかした形と、まとまりある色が、あなたをオシャレに導いてくれるはずです。

さあ、オシャレの基本を知り、試してみましょう。あなたのクローゼットの中にある服で、どれがイメージアップアイテムで、どれがイメージダウンしてしまっているのか、きっと、わかってくるはずです。今まで、あれこれ頑張ってみてもオシャレになりきれなかった、すべてのファッション迷子さんが、オシャレに自信が持てるようになりますように……。

杉山律子

contents

はじめに 12

chapter 1

自分の体型を知り、基本の服を揃える

STEP 1 自分の体型を知る 24
STEP 2 体型をカバーする 28
STEP 3 「ちょいゆる」にする 36
STEP 4 なりたいイメージを明確にする 38
STEP 5 基本のボトムスを揃える 40
STEP 6 白シャツを着こなす 48
STEP 7 デザインアイテムを取り入れる 52

chapter 2

「まとまる色」を知る

STEP 1 ベースカラーを決める 58
STEP 2 白を必ず入れる 64
STEP 3 まずワンカラーコーデをつくる 69
STEP 4 次にベースカラーの3色コーデをつくる 74
STEP 5 デニムやブラウンでバリエーションを広げる 86
STEP 6 さらに色を増やしたいなら、プラスワンカラーで 94
STEP 7 ビビッドな色にチャレンジ 102

chapter 3

バッグ、シューズをととのえる

STEP 1 バッグとシューズの色を合わせる 110
STEP 2 定番のパンプスを持つ 116

STEP 3 ヘビロテバッグを持つ 122
STEP 4 白いスニーカーを持つ 125
STEP 5 使えるエコバッグを持つ 128
STEP 6 ベーシックなサンダルを持つ 131
STEP 7 主役級のバッグ、シューズを加える 134

chapter 4 アクセサリー、ストールを選ぶ

STEP 1 アクセサリーは少ないくらいでちょうどいい 138
STEP 2 まずは小さめのアクセサリーを身に着ける 140
STEP 3 ストールの使い方をマスターする 143
STEP 4 インパクトアクセサリーを加える 146
STEP 5 腕時計を外す 149
STEP 6 ハットを投入する 151
STEP 7 スカーフを取り入れてみる 155

chapter 5
クローゼットを使いやすくする
STEP 1 服を選びやすいクローゼットをつくる 160
STEP 2 「痩せたら着よう」という服は手放す 162
STEP 3 太って見える服は、今すぐ捨てる 164
STEP 4 色で厳選する 166
STEP 5 ハンガーを統一する 168
STEP 6 引き出しを活用する 171
STEP 7 アイテムごとにグラデーション収納 173
chapter 6
センスを高める
サイズよりライン 176
甘めのトップスは引き算が必要 177

ギンガムチェックでスタイルがよくなる秘密　178
腕が細く見えるノースリーブは？　179
肩幅広めさん、なで肩さんへのアドバイス　181
小柄さんはワンカラーコーデでスッキリと見せる　183
年齢とともに襟ぐりは深くしていく　184
ボリュームトップスのときは髪型をタイトに　185
傘もベースカラーにしてみる　186
アウトレットは質の高いものを手に入れるチャンス　187
おわりに　190

デザイン
三木俊一（文京図案室）
撮影
林ひろし（カバー、巻頭ページ、3章静物、P120、133、4章静物、P191）
小林祐美（1章、2章、3章コーデ、4章コーデ、5章P170、6章）
ヘアメイク
和田良
構成協力
深谷恵美
企画協力
NPO法人企画のたまご屋さん
撮影協力
ANALOG LIGHTING

この本の服などは著者の私物です。
販売されていないものもありますので
ご了承ください。

chapter 1

自分の体型を知り、基本の服を揃える

STEP 1

自分の体型を知る

オシャレになるために最初にやるべきこと。

それは「自分の体型を知る」ということ。「他人の目にどう映っているか」の視点で、自分を見つめ直してみることです。

オシャレな人は、身体のラインを素敵に見せていたり、服のバランスがとれていたり、足長に見えるように計算しています。

自分の体型を知ることで、自分がかっこよく見えるスタイルがわかるもの。良いところは際立たせ、悪いところはカバーしていくことができるようになるのです。

そう、自分がきれいに見えるラインを見つける。自分が一番、かっこよく見える定番の形を定めてしまう。これがオシャレになる近道です。

まず、自分の体型の好きなところを書き出してみましょう。

人の体型は100人いたら100通りの特徴があります。背が高い、低いから始まり、上半身と下半身のバランスや胸の大きさ、肩幅やウエストの細さ、脚の長さ、O脚だとか……。

嫌いなところはすぐにわかっても、好きなところはなかなかわかりづらいものですよね。でも、頭の上から足先までを見つめ直し、できるだけ多く書き出してください。膝から下がきれい、手首が細い、頭が小さい、肘から下が長い……。細部にまで意識して向き合うと、思っているよりたくさん出てくると思います。


今度は、自分の体型の嫌いなところを書き出してみてください。嫌いなところは意外と簡単に出てくるものではありませんか？

二の腕が太い、腰が張っている、太ももが太い……。できるだけ具体的に細部に焦点をあてて書いてみてください。

たとえば、脚が太い、とザックリ書いてしまうと、膝から下がきれいな場合、それを見落としてしまうことになりますから、ここは部位を限定して慎重に書きます。

好きなところも嫌いなところも、多ければ多いほど自分を知ることができます。

どうでしょう。書き出してみると、ファッションにおける自分のアピールポイントがわかってきたのではないでしょうか。それは紛れもない、あなたの武器であり、印象を高める部分です。同時にカバーすべきポイントも具体的に見えてきたと思います。

次のSTEP2では、その一つひとつのポイントにさらに深く向き合っていきます。

チェックシート

「好きなところ」「嫌いなところ」を書き出すときの、発想のヒントにしてください。

□ 背が低い	□ 背が高い	
□ 上半身にボリュームがある	□ 上半身が華奢	
□ 下半身にボリュームがある	□ 下半身が細い	
□ 顔が丸い	□ 顔が長い	□ エラが張っている
□ 脚が短い	□ 脚が長い	
□ 膝下が短い	□ 膝下が長い	
□ 太ももが太い	□ 太ももが細い	
□ ふくらはぎが太い	□ ふくらはぎが細い	
□ 足首が太い	□ 足首が細い	
□ O脚	□ X脚	
□ 肩幅が広い	□ 肩幅が狭い	□ なで肩
□ 二の腕が太い	□ 二の腕が細い	
□ 腕が短い	□ 腕が長い	
□ ウエストが太い	□ ウエストが細い	
□ 胸が大きい	□ 胸が小さい	
□ 首が短い	□ 首が長い	
□ 首が太い	□ 首が細い	
□ 骨盤が張っている	□ 骨盤が目立たない	
□ お尻が大きい	□ お尻が小さい	
□ お尻が平たい	□ お尻が出ている	

STEP 2

体型をカバーする

次は、STEP1で見つけた、自分の体型の好きなところ、嫌いなところについて、好きなところはいかし、嫌いなところはカバーしていきます。

具体的には、クローゼットの中にある一着一着の服について、そういう視点でその服が役に立つか、考えてみるのです。

まず、服を着てみて、全身を見てみます。そして、その服が、ご自身の良さを輝かせるものか、欠点を隠すものか、そのどちらでもないか、などを考えてみましょう。後姿もぜひ、見てみてください。できれば、全身を写真に撮ってみるのがおすすめです。今はスマホのように簡単に撮影できるものが身近にあります。タイマー機能を使って、前面、そして背面も撮ってみてください。

鏡で見て「かっこいい」と思っても、写真に撮ると違って見えませんか？

これが、他人から見た自分の姿なのです！

その服を着て、「なんとなく素敵に見える」「痩せて見える」「顔がきれいに見える」など、どこかポジティブな印象を残す服なら合格です。その服はあなたを輝かせる服です。ところが、「太って見える」「歳とって見える」「脚が短く見える」など、あなたの印象を悪くする服だったら、その服はクローゼットからのぞきましょう。ポジティブでもネガティブでもないと思った服は、コーディネートや着こなし方であなたを輝かせる服に変えられます。本書のステップを重ねていけばそれが自然にできるようになりますから、クローゼットに入れておきましょう。安心してくださいね。

さて、好きなところはいかす、と書きました。この基本は、その部分を目立たせた着方をするということです。ただ、目立たせさえすればいいというものではありません。バランスを見ながら加減することが大切です。

たとえば、ウエストが細いのが長所だからといって、胸が大きいのにウエストをシェイプしたデザインを選んでしまうと、胸の大きさが強調されてしまいます。

さらに、脚が細いからといって、ピタピタのパンツを履くと、脚の細さだけが強調され、上半身とのバランスを崩すこともあるのです。

年齢を重ねた人ほど、このような極端な強調は控えましょう。

太い脚を細く見せようとピタピタのパンツを履くのもおすすめできません。全体のシルエットが細くても、細部にムッチリ感が出てしまうと、逆に太さを際立たせることに。

こういうかっこ悪い着こなしにならないように、一着一着を着た後に、じっくり向き合っていくことです。繰り返しになりますが、ぜひ写真に撮って「他人から見た自分の姿」を観察してみてください。

ちょっとしんどい作業ですが、これがあなたを確実にオシャレに導いてくれるはず。そうやって「きれいに見えるライン」を探していきます。

ここに私たちスタイリストがよく使う、ごく初歩的なテクニックや注意点をまとめてみました。着こなしの参考にしてみてください。

バランスがとれてラインがきれいになる　体型別デザイン

［背が低い］ボトムスはロング丈を選ぶ。トップスとボトムスの色を合わせて縦長効果を

［背が高い］トップスとボトムスの色を変えると、間延びした印象にならない

［上半身にボリュームがある］黒やダークカラートップスで細見え効果をねらう。アシンメトリーな斜めのラインの服も効果的

［上半身が華奢］フィットしたラインのトップスは華奢な人こそ似合う。ボトムスはボリューム感のあるものでバランスをとって

［下半身にボリュームがある］黒やダークカラーのボトムスがおすすめ。淡色ならワイドパンツにすること

［下半身が細い］スキニーパンツで細い脚をアピールしすぎないよう注意。少しのゆとりがあるものを選ぶ

［顔が丸い］ロング丈アウターで縦のラインを強調する。ビッグシルエットシャツのようなボリュームトップスは顔との対比で小顔効果に

【**顔が長い**】ボートネックがおすすめ。重めのヘアスタイルだと詰まった印象になるので、首元はスッキリと

【**エラが張っている**】襟腰があるシャツがおすすめ。首元は深めに開けて

【**脚が短い**】ウエスト位置が高めのボトムスを。ウエストマークのデザインもおすすめ

【**脚が長い**】ルーズなスウェットボトムスは、脚長さんの特権！　フラットシューズもきれいめに履けます

【**膝下が短い**】スカートよりパンツがおすすめ。ヒールで脚長効果を

【**膝下が長い**】膝丈のタイトスカートがきれいに履ける。スニーカーも素敵

【**太ももが太い**】ストレートラインのタイトスカートやワイドパンツなど、フィットしないデザインを

【**太ももが細い**】ガールフレンドデニムやテーパードパンツでゆとりを持たせてスタイルアップ

【**ふくらはぎが太い**】ワイドパンツで脚のライン隠し。ロングブーツもおすすめ

【**ふくらはぎが細い**】膝丈のタイトスカートでアピール。クロップドパンツもきれい

【**足首が太い**】長め丈のワイドパンツにパンプスを合わせて

［足首が細い］クロップド丈のテーパードパンツを。ガールフレンドデニムはぜひロールアップして

［O脚］ワイドパンツでライン隠し。膝丈スカートはゆとりをもたせたレギンスに重ねて

［X脚］とろみのあるテーパードパンツでカバー

［肩幅が広い］ニットなどやわらかい素材のドロップショルダーで肩の位置をごまかして

［肩幅が狭い］ハリのある素材の袖付きトップスがおすすめ

［なで肩］ボリュームトップスや肩かけカーディガンで肩周りにアクセントを

［二の腕が太い］ドロップショルダーのトップスや、袖口が縦に開いたデザインがおすすめ。クルーネックカーディガンをはおってカバーも◎

［二の腕が細い］袖なしトップスは肩線の幅が広いデザインがおすすめ。細見え効果が増します

［腕が短い］フレンチスリーブなどの短い袖は避けて。長袖ニットはたくし上げ、長袖シャツはロールアップ。７分袖が理想的

［腕が長い］オフショルダーのトップスは腕が長い人の特権

［ウエストが太い］ボリュームトップスでラインを隠して。ストレートラインのチュニック

丈もおすすめ
【**ウエストが細い**】細いウエストを強調しすぎないこと。胸や肩幅とバランスをとって
【**胸が大きい**】ダークカラーのトップスで控えめな印象に。ウエストマークはブラウジングがマスト
【**胸が小さい**】深めのVネックでもいやらしくならないのは小胸さんの特権
【**首が短い**】ハイネックや襟腰が高いデザインは避け、Vネックなどデコルテが開いたものを
【**首が長い**】クルーネックがおすすめ。ハイネックはヘアスタイルや顔の輪郭によっても違うので注意が必要
【**首が太い**】ボトルネックで首周りにゆとりをもたせつつカバー。デコルテ見せはタブー
【**首が細い**】クルーネックでスッキリと。Vネックで華奢さを出しても◎
【**骨盤が張っている**】腰周りにゆとりの少ないデザインを。ノータックのタイトスカートやバギーパンツがおすすめ
【**骨盤が目立たない**】腰周りにゆとりのあるテーパードパンツや、タックが入ったワイドパンツでボリュームを出して

［**お尻が大きい**］チュニック丈のトップスでカバー。黒やダークカラーのテーパードパンツもおすすめ

［**お尻が小さい**］お尻周りに少しだけ余裕をもたせたガールフレンドデニムがおすすめ。ぴったりしすぎないラインで

［**お尻が平たい**］ゆるめのテーパードパンツでゆとりをもたせて。腰で履くイメージがおすすめ

［**お尻が出ている**］ジャストウエストのボトムスがおすすめ。お尻周りがフィットしすぎないサイズ感が大切

STEP 3

「ちょいゆる」にする

「きれいに見えるライン」について、全員にあてはまるのが「ちょいゆる」というサイズ感です。これは、すべての体型の人に共通するスタイルアップのコツです！

「ちょいゆる」……まさに「ちょっとだけゆるい」ものを選ぶこと。おもにボトムスに関しては、この基準がとても重要になります。

スキニーパンツなど、ムッチリと身体のラインが出るピタピタのパンツを想像してみてください。「ちょいゆる」は、そのムッチリ感がなく、ほんの少しゆとりのある状態です。身体に沿っているけれど、ピタッとはしていなくて、お尻から裾までほんの気持ちゆるめ、という感じです。

ゆるすぎても太く見えたり、野暮ったくなるので、「ちょいゆる」が理想的。これで、身体のラインをうまく隠しつつも、ゆとりを感じさせ、スタイルアップして見えるのです。

脚が細い人にも「ちょいゆる」は必要です。

細い脚を強調しようと、ピタピタのパンツを履く方がいらっしゃいますが、それは若い人だけ。「ちょいゆる」のサイズ感のほうがスタイルよく見えます。まさか、と思うなら、ぜひ写真に撮って見てみてください。みなさん、その効果に驚かれますよ。

アイテムとしては、身体のラインに沿いながら、少しだけゆとりのあるテーパードパンツがおすすめ。デニムなら、ダボッとしたボーイフレンドデニムより、気持ち細身のガールフレンドデニムを。脚が太い方にワイドパンツはおすすめですが、ゆるすぎるとルーズに見えるので、あまり太すぎないものを選んでください。

スカートなら、身体のラインが出やすいペンシルスカートより、ストレートのタイトスカートを。コンパクトでありながら、ムッチリしないというのがポイントです。試着で確認するときは、お尻のラインをシビアに見てくださいね。

STEP 4

なりたいイメージを明確にする

次は、なりたいイメージを明確にして、自分スタイルの軸を見つけます。好きな傾向をはっきりさせるために、好きなファッション誌やモデルさんの写真など、憧れのスタイルを切り抜いてコラージュしてみましょう。

たくさんは必要ありません。5、6点で十分です。

あれもこれもと選ぶよりも、自分のなりたいイメージを総括しているものを選ぶことがポイントです。コートが好き、靴が好き、というのではなく、「ぜんぶ好き」という写真を選んでみます。トータルの雰囲気として「なんだか素敵」「自分の理想」と思うものをピックアップするのです。

さて、ここからが本題です。コラージュした写真の共通点を見つけます。

5、6点の写真を見て、「なぜ素敵と思うのか」、その共通点を考えてみましょう。どんな言葉で表現できますか？　それを書き出してみてください。シンプルな服、ヘアスタイルが素敵、ベーシックなヒールを履いている、色が統一されている……など、できるだけたくさん見つけます。

次は、書き出したことと自分の違う点を見つけて書いてみましょう。自分は柄物の服が多い、ヘアスタイルがワンパターン、靴に飾りが付いている、色味が多い……など。言語化することで、違いが明確になってきます。それはあなたの理想と現実の違いということになります。

自分のクローゼット全体を写真に撮ってみるのもおすすめ。自分の「オシャレの癖」を知るにはとても効果的です。靴や小物も並べて写真に撮ってみて、コラージュしたイメージとの違いを、どんどん書き出します。

この作業をすると、たいていの方が、持っているアイテムにシンプルなデザインが少ないことに気づきます。STEP 5では、自分スタイルの軸となる、シンプルな基本のアイテムを厳選します。

STEP 5

基本のボトムスを揃える

コーディネートの基本は、主役アイテムと脇役アイテムの組み合わせです。主役アイテムとは、トレンドのデザインなど、目をひくアイテムのこと。ファッション迷子さんに多いのが、この主役アイテムばかり揃えてしまっているパターン。このような主役級のアイテムはファッション誌でもよく取り上げられますし、ショップでときめいて一目惚れして買ってしまうことが多いのでしょう。ただ、主役アイテムばかりでコーディネートするには、かなりのテクニックが必要。そして、自分のスタイルを見失う原因にもなりかねません。あなた自身のイメージは置き去りにされ、主役の服ばかりが目立ってしまうということになりがちです。

そうではなく、自分のよさを引き立たせてくれるシンプルな脇役アイテムを揃えること。これが、まず最初にやることです。自分スタイルの軸となり、コーディネートの基本となるアイテムを持つことです。

その中でも特に大切なのは、ボトムスです。使いまわしやすいボトムスがコーディネートのベースになります。

前のステップで、なりたいイメージが見えてきたと思いますが、そうしたイメージや、トレンド感はトップスで表現するとうまくいくのです。それを引き立てるシンプルなボトムスを持っているかがコーディネートのうまさを決定づけます。

ベーシックなデザインで自分に似合うもの、「ちょいゆる」のサイズ感のものを、真剣に選んでいきましょう。

私が大人の女性におすすめしたい基本のボトムスは、次の４つです。

・ワイドパンツ
・テーパードパンツ
・タイトスカート
・ガールフレンドデニム

「ちょいゆる」のところでもふれた4アイテムです。

ワイドパンツは、日本人に多い下半身の悩みをうまくカバーできます。裾に向かって細くなるテーパードパンツも、脚をスッキリ見せるのに効果的。

タイトスカートも、似合わない人はいないと言っていいほど使いやすいアイテムです。脚に自信がない方はマキシ丈などいかがでしょう。パンツには出せない雰囲気が素敵です。

デニムならガールフレンドデニムを。ライン自体はテーパードと似ていて、大人世代にベストな選択です。

いずれも装飾などのない、シンプルなデザインを選びましょう。トレンドはあまり意識せず、丈やラインにこだわって、自分の体型がきれいに見える1枚を厳選します。

選び方や着るときの注意点を、身長別にまとめておきました。

色に関しては、2章でご紹介する「ベースカラー」が断然おすすめです。

自分スタイルの軸を持つ。それはまさに、基本のボトムスを持つことだと私は思っています。あなたをスタイルアップする最高の4アイテムをぜひ、揃えてください。

STEP6と7は後回しにして、2章を先に読んでくださっても結構です。

身長別　基本のボトムスとバランスのとり方

～157センチ

小柄さんのスタイルで大切なのは、トップスとボトムスのバランス。トップスはボトムスにインするなど短めに、ボトムスはウエスト位置を高め、長めの丈を選ぶことで、1：2のバランスを目指します。身幅の広いボリュームのあるデザインは、背の低さを強調してしまうことになりますので要注意。

［ワイドパンツ］ボリュームは少なめ、センタープレスで脚長効果を。パンプスのヒールが少しだけ見える丈が理想的

［テーパードパンツ］とろみのある素材はたるまない長さに。くるぶし丈で足元はスッキリと。折り返しのないデザインを

［ガールフレンドデニム］ロールアップはほどほどに。ロールアップが足元を目立たせてしまうと背の低さを強調することに

［タイトスカート］ウエスト位置は高め、長めの丈で縦長効果を意識して

１５８センチ〜１６７センチ

スタイルアップのポイントは、やはり縦長に見えること。身幅のある方ほど、ボリュームをおさえたボトムスを選びましょう。

ボトムスの裾から見える脚が、細くきれいに見える丈にこだわって。

［**ワイドパンツ**］ボリュームのあるデザインは長めの丈がおすすめ。パンプスを合わせてスタイルアップ

［**テーパードパンツ**］とろみ素材のたるませ感はほどほどに。ルーズな印象にならないよう、パンプスはマスト

［**ガールフレンドデニム**］ロールアップする場合はくるぶし丈がおすすめ。短い丈は身長を低く見せてしまいます

［**タイトスカート**］脚が最も細く見える丈を見つけて。１、２センチの違いも印象を大きく左右します

168センチ以上

背が高いとボトムスの分量が大きくなりがちです。パンツの場合は長すぎない、クロップド丈のボトムスがおすすめ。

トップスとは色を変えるなど、メリハリをつけると間延びした印象になりません。

［ワイドパンツ］長めの丈の場合は、裾幅が広すぎないラインがおすすめ。ボリュームはほどほどに

［テーパードパンツ］ゆとり感のあるラインがおすすめ。クロップド丈がバランスがとりやすい

［ガールフレンドデニム］ゆとりをもたせたラインがおすすめ。ロールアップで足首を見せて

［タイトスカート］脚が一番きれいに見える丈を定番化して。膝が出ない長すぎない丈がおすすめ

いろんなシーンで使えるテーパードパンツは、ぜひベーシックな色をおさえて。
pants … FRAMeWORK

1本目のワイドパンツは太すぎないものを。3シーズン使える素材が理想的。
pants … GALERIE VIE

タイトスカートは丈感がポイント。脚がきれいに見える丈にこだわって選んで。
skirt … IENA

カジュアルで大活躍のガールフレンドデニム。1本目はぜひ合わせやすい白を。
pants … MARGARET HOWELL × EDWIN

STEP 6

白シャツを着こなす

白シャツは雑誌や本で、必ず基本のアイテムとして取り上げられますね。その魅力は、「自分らしさ」が表現できることです。同じものを着ても、着る人によってまったく違う雰囲気になるのです。オシャレに興味がない人が着ると、素敵なブランドの白シャツも制服のように見えてしまいます。逆に上級者は、ものすごくかっこよく着こなします。そういう意味では、実は難しいアイテムなんですね。

一歩一歩、ファッションに向き合ってきた経験が試されると言っていいでしょう。ここまでステップを経た今こそ、チャレンジしてほしいアイテムです。

自分に合う基本のボトムスがあれば、白シャツをとても素敵にいかせます。

白シャツは、大きく分けて、シックで上品な洗練されたイメージか、カジュアルでナチュラルなイメージのどちらかです。シックに着る場合は、とろみのある素材や凛とした印象のコットン素材を選びましょう。しっかりプレスして、袖をまくる場合は、手首を見せる程度におさえます。ボトムスはワイドパンツかテーパードパンツ、タイトスカートがいいでしょう。足元はぜひ、パンプスで。

一方、カジュアルに着くずす場合は、リネンのシャツがおすすめ。ボタンは胸元まで外し、袖は大胆にまくります。こちらはワイドパンツ、テーパードパンツ、タイトスカート、そしてガールフレンドデニムと、基本のボトムスすべてとなじみます。靴はスニーカーでもパンプスでも素敵です。

白シャツは、ボトムスと同様に、体型に合ったものを妥協せずに選びましょう。襟のあるもの、ないもの、身幅、ボタンの位置や素材感にもこだわり、しっかり試着して選んでください。お値段の違いは、多くの場合、素材の違いです。着心地やシャリ感など、クオリティの差が出やすいアイテムですので、そこもシビアに見極めます。白シャツ×基本のボトムスの定番コーデをマスターすると、オシャレ度がぐんと加速しますよ。

リネンのシャツはぜひ上質な一着を。シワの入り方にも差が出やすいアイテム。
shirt … JOURNAL STANDARD

シックな白シャツはジャストサイズで。ボタンを留めて表情の違いも楽しんで。
shirt … UNIQLO+J

＊ここでは代表的な襟のある白シャツをご紹介していますが、襟なしの白シャツもあり、そちらのほうが似合う方もいらっしゃいます。必ず試着をして、顔がスッキリときれいに見える襟元のデザインを選んでくださいね。

リネンのシャツはぜひブラウジングして
素材感をアピール。とっておきの一着を。

tops … JOURNAL STANDARD
pants … rag & bone
bag … TODAY'S SPECIAL
shoes … CONVERSE

しっかりプレスされたシャツはボトムスに
インして。小物使いがポイントに。

tops … UNIQLO+J
skirt … GALERIE VIE
bag … UNITED ARROWS
shoes … COLE HAAN

STEP 7

デザインアイテムを取り入れる

白シャツを素敵に着こなせるようになったら、最後に目指してほしいのがデザインアイテムを取り入れること。デザインアイテムとは形がちょっと変わったモードな服をさします。たとえば、アシンメトリーなカッティングのものや、リボンや飾りが施されているものなど。シースルーのもの、太すぎるワイドパンツやビッグシルエットなどもデザインアイテムと考えるといいでしょう。

これらのインパクトのあるデザインは、やはりシンプルな基本のボトムスと合わせるとかっこよく着こなせます（トレンドの服もそうですので覚えておいてください）。

デザインアイテムは主役アイテムと言い換えることができます。このような主役アイテムは、デザイン性が強く主張があるので、シンプルな中に1点だけ入れることによって際立つのです。

過度に取り入れすぎると、お互いが足を引っ張り合うことになります。まとまりがなくなり、ガチャガチャした印象になりますので気を付けて取り入れましょう。ワイドパンツやテーパードパンツ、タイトスカートでも、特徴的なデザインのものや飾りがついたものは、デザインアイテムといえます。その場合はトップスをシンプルに。

主役アイテムを服で取り入れるなら、バッグや靴、アクセサリーなど、小物は脇役に徹し、邪魔しないシンプルなものにすることは必須です。

主役アイテムは、これくらいストイックに取り入れることを忘れないでください。

デザインアイテムは、それを身に着けるだけでかなり目立ちます。取り入れるには、全体のバランスをトータルで考えることが大切。

真っ赤な口紅をつけるだけでも十分なアクセントになりますので、くれぐれも過度にならないよう要注意です。

ヘアスタイルも大きく関わってきます。髪型をタイトにまとめることで全身のバランスがとれたりもします。

ここまでステップを重ねると、服の雰囲気に合ったバランス感が自ずとわかってくるでしょう。ヘアメイクもファッションによって変えるくらいの柔軟性をもって、オシャレを楽しんでくださいね。

そもそも、デザインアイテムはその「形」こそが主役です。色はデザインを引き立たせる脇役という考えで、無地やベーシックカラーを選ぶほうがスタイリッシュに見えます。

同じデザインでも色によって印象は大きく変わります。

ここまで、自分を美しく見せるラインについてお伝えしてきました。次の章では、それを最大限にいかす色についてお伝えします。

定番のトレンチコートもシースルーなら
デザインアイテム。ぜひ袖をまくって。

coat … ANALOG LIGHTING
tops … roar
pants … Young Fabulous & Broke
bag … Maison Margiela
shoes … FABIO RUSCONI

ルーズな着こなしこそ差が出やすいもの。
サンダルでハズしてモード感をアピール。

one-piece … ANALOG LIGHTING
pants … La TOTALITE
belt … G.V.G.V.
bag … Sergio Rossi
shoes … L'Autre Chose

chapter 2

「まとまる色」を知る

STEP 1

ベースカラーを決める

色はファッションにとって、とても重要な要素。

着る人のイメージを左右するものでもあり、長所を引き立たせたり、欠点カバーもできます。コーディネートしやすくするのも、難しくするのもクローゼットの中の色次第。慎重に選びたいものです。

毎シーズン、どんな色を選べばいいでしょうか？　ファッション誌で取り上げられるトレンドカラーですが、その色さえ身に着ければオシャレに見えるかというと、そうではありません。

実は、トレンドカラーを着こなすにはかなりのセンスが必要なのです。なのに、オシャレの基本を知らないうちに安易に取り入れてしまいがち。色によっては自分のよさを消してしまったり、全身がチグハグに見えたり。オシャレだと思って買った服が、あなたをイメージダウンさせているかもしれません。

難しい色にチャレンジするより、まずはあなたをセンスよく見せる色を見つけることから始めましょう。

そこでおすすめなのが、ベースカラーというコーディネートの基本になる色です。

・白
・黒
・ネイビー
・グレー
・ベージュ
・トープ
・カーキ

となります。この中から3色を選びます。

まずは白。誰にでも似合う色です。他の色を引き立てますし、明るい印象を与えます。白は、真っ白でもアイボリーでも構いません。

その次は黒かネイビーを選びます。これは私の経験から言えるのですが、多くの人は大きく、黒が似合う人と、ネイビーが似合う人とに分けられます。あなたはどちらですか？　黒かネイビーか、まずどちらか選んでみてください。まれに黒もネイビーも、両方とも似合う人がいます。その場合は自信をもってどちらも残します。

こうして見つけた2色に、ベーシックな色であるグレー、ベージュ、トープ、カーキの中から、最も似合う色を1色足します。この3色があなたのベースカラーです。

ベースカラーとはコーディネートの基本になる色です。オシャレの基本カラーとも言えます。今後何度も出てくるので、このＳＴＥＰの最後に一覧できるようにしておきました。

私の考えでは、クローゼットの中にはベースカラーの3色があれば十分。

たったこれだけ？　と不思議に思われる方もいらっしゃることでしょう。でも、それでいいのです。コーディネートの基本は色の組み合わせともいえます。色味が多すぎるからコーディネートが難しくなるのです。

クローゼットの中にいろんな色が点在している方も少なくないと思いますが、その一つひとつの色を効果的に使えていますか？　どんなに素敵な色でもワンパターンしかコーディネートできないとしたら、もったいない！

私がショッピングアテンドでお客さまに提案する服は、ほとんどベースカラーです。ベースカラー同士なら、それほど考えなくても色同士が喧嘩せず、どれとも合い、センスある着こなしになるからです。

クローゼットの中のどれを合わせてもまとまるとオシャレが格段に楽になり、バリエーションも広がります。

着ない服がなくなる。コーディネートの失敗がない。そもそも無駄な買い物がなくなる。

これが私の理想です。それを叶えてくれるのが3色のベースカラー。品のよい、大人のオシャレが簡単につくれる色なのです。

しかも、これらのベースカラーはすでにお手持ちの服とも合わせやすいのです。着る機会が少なかった服やトレンドカラーも、ベースカラーがあれば上手に合わせて着こなせるようになります。ベースカラーの服を1着買い足すだけで、10通りも、15通りもコーディネートが増えるのです。

目につきがちな色や柄はもう少し後のステップで。今の段階では、あえてベースカラーのみで始めることをおすすめします。好きな色をチャートから選ぶ手もありますが、周りの人にきいてあなたをきれいに見せる色を選ぶのもいいでしょう。あなたはどの3色ですか？　ここからは、この3色でコーディネートを考えていきます。

ベースカラーチャート（3色）

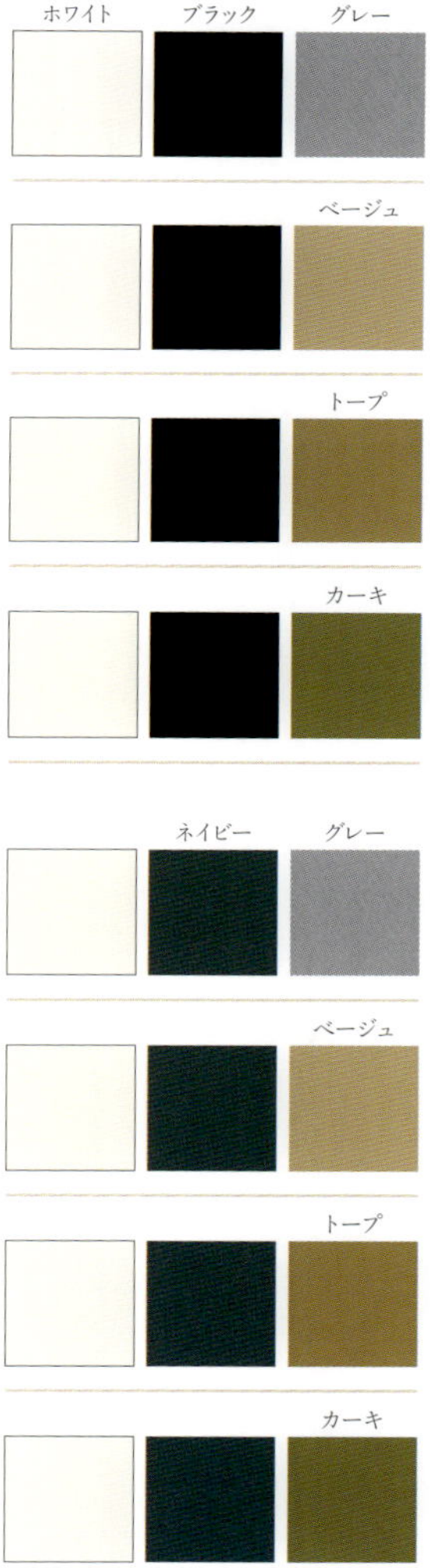

STEP 2

白を必ず入れる

ベースカラーの表を見てください。すべての人のベースカラーに「白」が入っていますね。

白はどなたにも似合い、コーディネートの素敵なアクセントにもなる万能カラーです。実は季節も問いません。私はこの白をできるだけ取り入れてもらうことがオシャレになる近道だと断言します。色を使いすぎると、そのぶんコーディネートにまとまりがなくなります。お互いの色が主張し、足を引っ張り合っては残念です。

そこで、すべての色に合う「白」を使うのです。

これから少しずつコーディネートのコツをお伝えしていきますが、必ず一カ所に白を使ってほしいのです。それくらい白は最高な色であることを特筆しておきます。うまく取り入れてスタイルアップしましょう。

まず、服のトップスかボトムスのどちらかを白にします。これがおさえておきたい基本のコーディネート。すごく簡単なのに一気に垢抜けます。

大前提の心得として、体型をカバーしたい部分にはダークな色を使うほうが目立ちません。下半身が気になる方はボトムスをダークなベースカラーにし、白はトップスに使いましょう。1章でご紹介した基本のボトムス、ワイドパンツ、テーパードパンツ、ガールフレンドデニム、タイトスカート。これをダークなベースカラーにするのです。

反対に、胸を強調したくない方は、ボトムスを白にして、トップスにダークなベースカラーをもってきます。やはり基本のボトムスから。中でもおすすめはワイドパンツとガールフレンドデニムです。白のボトムスはどうしても透け感が気になるものですが、ゆとりのあるワイドパンツと厚手のガールフレンドデニムなら、その心配はありません。

白をどこかに必ず入れる

ハイゲージのニットにワイドパンツ。大人の定番コーデもトープでエレガントに。

tops … chalayan
pants … AILE par IENA
bag … PRADA
shoes … COLE HAAN

ジャケットとインナーはぜひトーンを揃えて。同じ白でもまとまりが違います。

jacket … Lemaire
tops … UNITED ARROWS
pants … GALERIE VIE
bag … J&M DAVIDSON
shoes … Sergio Rossi

ボリュームのあるトップスには、細身のボトムスを合わせてバランスをとって。

tops … JOURNAL STANDARD relume
pants … JAMES PERSE
bag … Maison Margiela
shoes … FABIO RUSCONI

定番のリネンの白シャツも、ウエストマークのボトムスと合わせてトレンド感を。

tops … JOURNAL STANDARD
pants … mare di latte
bag … Sergio Rossi
shoes … PELLICO

体型カバーの必要がない方は、両方楽しんでください。トップスを明るくすると、顔色が映えてきれいに見えます。明るい色をボトムスにもってくるとアクティブで若々しい印象になります。また、パンツの場合は特に、トップスよりも倍くらい面積が広いので、そこに白が入ることで全身がスッキリとした印象になります。

前のステップで「白は真っ白でもアイボリーでも構いません」、と書きましたが、アイボリーより真っ白のほうが比較的痩せて見えることも付け加えておきます。

色味は少ないほうが統一感が出てオシャレに見えます。私自身、ほとんど白とベースカラーのうち1色を組み合わせて、全身2色でコーディネートしています。平日も休日も、ほぼ毎日です！

STEP 3

まずワンカラーコーデをつくる

ワンカラーコーデとは、服の上下を同じ色で合わせたコーディネートです。まずは色数を一番少なくしてシンプルな着こなしをしてみましょう。ワンピースやオールインワン、セットアップなどですが、セットされていないものでも色味が合えば、ワンカラーコーデができます。その場合、色味やトーンが合うようにしてください。

このコーディネートは、上半身と下半身の境目が目立たないので、背が低めの日本人でも縦長効果が期待でき、かっこよく見えます。

なにより、色味を少なくおさえられるのでスッキリとまとまり、オシャレ初心者さんでもぐっとかっこよく見えます。

まず、ベースカラーの1色でワンカラーコーデをつくってみましょう。

ワンピースやオールインワン、セットアップを、ぜひベースカラーの中から選んでみてください。冬のロングコートもワンカラーコーデといえるアイテムです。これも、ぜひベースカラーでおさえたほうが使いやすいでしょう。

一番シンプルなコーディネートですが、少しだけコツがあります。

バッグや靴など小物は別の色にすることです。全身がワンカラーになってしまうと、よほど着こなし力がない限り、素敵に見えないのです。

服をワンカラーにしたときは、小物と服の色は変えましょう。それも、ベースカラーの中から選ぶと失敗が少ないです。たとえば、服を黒にしたら、靴とバッグはトープにする。服がネイビーなら白にするという感じです。

要は、全身のどこかにワンカラーを引き立たせるものを入れるのです。

肌を効果的に見せるのも、そのひとつ。襟ぐりにゆとりのあるデザインを選んだり、長袖をちょっとまくって手首を見せたり、履きこみ浅めのパンプスで足の甲部分の肌が見えるようにするなど、計算してみてください。これだけで、全体のバランスが引き締まります。

特に寒い冬の日は要注意。黒タイツと黒い靴が同じ色で繋がってしまうと、重い印象になってしまいがち。一般に脚長効果があるとされる組み合わせですが、服がワンカラーコーデの場合は全身真っ黒になってしまうことも……。

こんなときは、タイツのトーンを少しだけ変えてみましょう。黒の服にマットな黒タイツ、黒のパンプスの組み合わせなら、タイツをチャコールグレーにすると、ぐっとスタイルアップします。

シンプルなロングワンピースも、小物でアクセントをつけてスタイルアップ。

one-piece … ALEXANDER WANG
bag … Sergio Rossi
shoes … L'Autre Chose

セットアップ以外のワンカラーコーデは色のトーンも合わせることがマスト。

tops … FORDMILLS
pants … MACPHEE
bag … PRADA
shoes … COLE HAAN

ブラックコーデに黒タイツは、重くなりがち。チャコールグレーで変化をつけて。

one-piece … MM⑥
bag … Maison Margiela
shoes … FABIO RUSCONI

冬に大活躍するアウターは、合わせやすいベースカラーでおさえたい一着。

coat … totem
knit … UNIQLO
bag … Maison Margiela
shoes … L'Autre Chose

STEP 4

次にベースカラーの3色コーデをつくる

いいコーディネートとは全身が調和するように組み合わせることです。

そういう意味では、色を使いすぎてしまうと、統一感を欠いてしまいます。

私が見る限り、ほとんどの人が色を使いすぎていると思います。

まとまる色数とは「全身のコーディネートを3色以内にすること」。これはファッションのプロが必ず言うことです。

では、どんな3色でもいいのかというと、そうではありません。色には相性があります。その組み合わせでまとまりが良くもなり、悪くもなるのです。

まずは基本の組み合わせ、STEP1のベースカラーのチャートを使ってみてください。あなたの選んだベースカラーの3色で、コーディネートしてみるのです。

この組み合わせは私が長年の経験の中で考案したもので、この3色で統一するだけで大人っぽく雰囲気のあるイメージを打ち出せるようになっています。ぜひ、試してみてください。組み合わせに自信がない、コーディネートに時間をかけられない、最低限の服で上手に着まわしたいという人に本当におすすめです！

この組み合わせを見ると、ベースカラーばかりで地味ではないか、という懸念を抱く方もいらっしゃいますが、大丈夫。これぐらいの「色の引き算」をすることで「さりげなくオシャレな人」に見えるのです。

3色が自分のクローゼットにない場合は、クローゼットにある服でチャートの色に近い3色で、まずはコーディネートをつくってみるのもいいでしょう。

それでも3色が揃わない場合は、1章を見て、基本の形の服を吟味して、少しだけ服を買い足してもいいでしょう。ただ、ここで、服を買いすぎないこと。あまり服を増やしても、コーディネートに悩むことになってしまいます。持ち服は、基本、多くなくていいのです。そのコーディネートをまずは試してみて、鏡で確認してみてください。そして、友達と会ってみてください。

なんか素敵だね！　と言われると思います。


3色で着まわす、コーディネートの例をつくってみました。今回は、白、グレー、黒の3色の組み合わせを使っています。

アイテムは服9着と、小物が5つ、のみです。

・基本のボトムス4着（白ワイドパンツ、黒テーパードパンツ、白ガールフレンドデニム、黒タイトスカート）
・トップス3着（白シャツ、白Tシャツ、グレーVニット）
・アウター2着（グレーロングカーディガン、黒メンズカーディガン）
・靴2足（黒パンプス、白スニーカー）
・バッグ2個（黒バッグ、白エコバッグ）

・ベルト（黒サッシュベルト）

このコーディネートは、平日も休日も、ちゃんとした場にもカジュアルにも、使えるように考えました。また、3シーズン着まわせます。

いずれも使いやすいアイテムで、基本の形、基本の色を使っています。

薄着シーズンの場合、ボトムスとトップス、靴、バッグの4アイテム、厚着シーズンには、これにアウターを加えた5アイテムを3色にするのです。

3色以内にするには、1、2アイテムを同じ色にすればいいのです。

このコーディネートを参考にしながら、自分のベースカラーの3色で組み合わせを考えてみてくださいね。

3色で12パターンコーデ

定番の白シャツ、グレーVニット、白Tシャツが揃えば、コーディネートの幅はぐっと広がります。白や明るめのトーンがおすすめ。

❶ t-shirt … velvet
❷ knit … UNIQLO
❸ shirt … JOURNAL STANDARD

基本の4ボトムスは、ベースカラーの中でも白やダークな色から揃えたいもの。スタイルアップするライン、丈にこだわって選んで。

❹ tapered pants … FRAMeWORK
❺ girlfriend denim … MARGARET HOWELL × EDWIN
❻ tight skirt … D&G
❼ wide pants … La TOTALITE

❾ ❽

アウターは3色の中でもグレーがおすすめ。メンズカーディガンはトップスにもなる優秀な一着。ゆるっと着たりウエストマークも。

❽ long cardigan … UNIQLO
❾ men's cardigan … UNIQLO

❿ ⓫ ⓭ ⓮ ⓬

小物はすべて白か黒でおさえて、シンプルコーデのアクセントに。パンプスとスニーカーがあれば、ちゃんとした場もカジュアルも大丈夫。

❿ clutch bag … Maison Margiela
⓫ pumps … FABIO RUSCONI
⓬ belt … B.C STOCK
⓭ sneakers … CONVERSE
⓮ ecobag … TODAY'S SPECIAL

一見、オールホワイトのシンプルコーデも、肩がけニットで色味をプラスして。

❶＋❷＋❼＋⓭＋⓮

アウターの袖をたくし上げて、白シャツをのぞかせるのがコーデのポイント。

❸＋❼＋❽＋❿＋⓫

オールホワイトコーデを黒の小物でアクセント。キリッとしまった印象に。

❸ + ❼ + ❿ + ⓫ + ⓬

Vネックニットとワイドパンツの定番コーデも、落ち着いた色でエレガントに。

❷ + ❼ + ❿ + ⓫

お仕事にも使える定番の白シャツ。肩がけしたVネックニットで抜け感を。

❷ + ❸ + ❹ + ❿ + ⓫

カジュアルコーデも黒のチカラで落ち着いた印象に。バッグのロゴがアクセント。

❶ + ❹ + ❾ + ⓭ + ⓮

シンプルなTシャツもきれいめテーパードパンツと合わせてお仕事スタイルに。

❶ + ❹ + ❽ + ❿ + ⓫

黒×グレーのシンプルコーデも、エコバッグのロゴを効かせてスタイルアップ。

❷ + ❹ + ⓭ + ⓮

メンズカーディガンのボタンをひとつ外して、ブラックコーデに白を効かせます。

❶ + ❻ + ❾ + ⓭ + ⓮

ノーカラーのアウターはカジュアルにも使える一着。スニーカーに合わせて。

❶ + ❻ + ❽ + ⓭ + ⓮

メンズカーディガンのボタンを閉めてトップスに。ウエストをマークして。

❺ + ❾ + ❿ + ⓫ + ⓬

カジュアルなガールフレンドデニムも、パンプスに合わせるとエレガントに。

❸ + ❺ + ❿ + ⓫

STEP 5

デニムやブラウンでバリエーションを広げる

前STEPで、ベースカラーを組み合わせる使い方をマスターできたら、徐々に色味を増やしてもいい頃です。

ただ、私はお客さまに「オシャレのゴールはSTEP 4まででいい」と申し上げているほどで、3色以内のままでも十分にオシャレな着こなしができます。ここから先のステップは、どうぞ好みで取り入れてください。必要ないと思う方はベースカラーだけで十分です。

そうは言ってももう少しバリエーションを増やしたい……。そんな方におすすめの色は、チャコールグレー、ダークブラウン、そしてデニム。これらはどのベースカラーにも相性のいい色です。

明るい色や、流行の色などを取り入れることでオシャレの幅が広がります。

取り入れるポイントは、チャコールグレーならアウターやボトムスにしてみましょう。ダークブラウンなら靴やバッグが特におすすめ。デニムならやはりボトムスやシャツで取り入れてみましょう。

これらの色が、自分に似合わない、好きじゃないと思うのなら、無理に増やす必要はありません。

この3色は、いわば準ベースカラーといってもいい色です。少し難易度は上がりますが、この段階にきたら、今までの3色にチャコールグレー、ダークブラウン、デニムを加えて、ベースカラーを全6色に広げてもいいと思います。

ところで、「やっとデニムが出てきた」と思われる方もいるかもしれません。デニムは定番中の定番と思われていますが、実は難しいアイテムなのです。けれど、もう大丈夫。この6色の中でなら、素敵に着こなせるはずです。

この場合も、コーディネートはやはり全身3色以内にしてください。ただ、もし3色に白が含まれない場合は、ちょっとどこかに白を足してみてください。落ち着いたベーシックな装いが、白の効果でぐっとスタイルアップするはずです。

ちらっと白のインナーをのぞかせる、白のエコバッグを持つ、白のスニーカーを履くなど。それが絶妙なスパイスになります。

カラーチャート（6色）

ホワイト
ブラック
グレー
チャコール
グレー
ダーク
ブラウン
デニム
ベージュ
トープ
カーキ
ネイビー
グレー
ベージュ
トープ
カーキ

白×デニム×ダークブラウン。短めのトップスにバギーデニムで脚長効果を。

cardigan … IENA
tank top … UNIQLO
pants … rag & bone
bag … Sergio Rossi
shoes … PELLICO

アイボリー×デニム×トープの上級者コーデ。トーンを揃えることで統一感を。

tops … VIRGINIE CASTAWAY
pants … D&G
bag … STAR MELA
shoes … COLE HAAN

白×黒×チャコールグレー。柄物は小物に同色を取り入れることでまとまりを。

tops … MACPHEE
skirt … GALERIE VIE
bag … Maison Margiela
shoes … L'Autre Chose

チャコールグレー×デニム×トープに白をプラス。白の効果でスタイルアップ。

coat … JAMES PERSE
t-shirt … velvet
pants … D&G
bag … PRADA
shoes … COLE HAAN

デニム×白×ダークブラウン。デニムシャツはラフに着てバッグでアクセント。

tops … FORDMILLS × Lee RIDERS
pants … DOLCE & GABBANA
bag … Sergio Rossi
shoes … PELLICO

ダークブラウン×白×グレー。シンプルな服も色で印象的なコーディネートに。

tops … JOHN SMEDLEY
pants … La TOTALITE
bag … BALENCIAGA
shoes … IENA

デニム×ベージュ×黒。パンプスに合わせるとエコバッグが一段とオシャレに。

tops … FORDMILLS × Lee RIDERS
pants … PAOLA FRANI
belt … B.C STOCK
bag … TODAY'S SPECIAL
shoes … FABIO RUSCONI

チャコールグレー×アイボリー×ダークブラウンに白をプラス。白で垢抜けます。

coat … JAMES PERSE
tops … VIRGINIE CASTAWAY
pants … La TOTALITE
bag … Sergio Rossi
shoes … PELLICO

STEP 6

さらに色を増やしたいなら、プラスワンカラーで

もう少し華やいだ色を増やしたい。そんな方にさらに追加するのにおすすめの色が「プラスワンカラー」です。流行に左右されにくい、大人色の配色をつくってみました。この中から、似合う色、好きな色を選んでバリエーションを広げてください。

ちなみに、これらの色は、「すべてのベースカラー」に合う色になっています。ベースカラーになじみ、素敵にコーディネートできる配色です。相性のいいベースカラーも、ここではプラスワンカラーとして考えます。あれもこれもとすべての色を増やすのではなく、あなたに必要な色だけを足してくださいね。

取り入れ方ですが、これまでと同様、全身を3色以内はマストです。

「プラスワンカラーから1色＋ベースカラーから2色」としてください。
また、色合いが重くなる場合は、1カ所に白を入れます。
「プラスワンカラーから1色＋白＋ベースカラーから1色」という感じです。
STEP5でチャコールグレー、ダークブラウン、デニムを加えた方はこれもベースカラーと考えてください。

このプラスワンカラーの中でも、淡い色は甘くなりがちです。レースやヒラッとしたデザインの服より、シンプルなデザインのトップスや細身のボトムスなど、シャープなアイテムに取り入れるようにしてください。体型をカバーしたい部分は、ダークなベースカラーにすることもお忘れなく。

甘さを加減して、大人のコーディネートに華やぎをプラスする。そういう媚びないファッションを目指したいですね。

だんだん色が増えてきました。バッグや靴まで全身のコーデを3色以内におさえるのが難しい日もあるかもしれません。そんなときはどこかに白を加えてみてください。ぐっとスタイルアップします。白とは、それほど統一感をつくる効力のある色なのです。

ベビーピンク
サックスブルー
キャメル
グレー
ベージュ
トープ
カーキ

カラーチャート（プラスワンカラー）

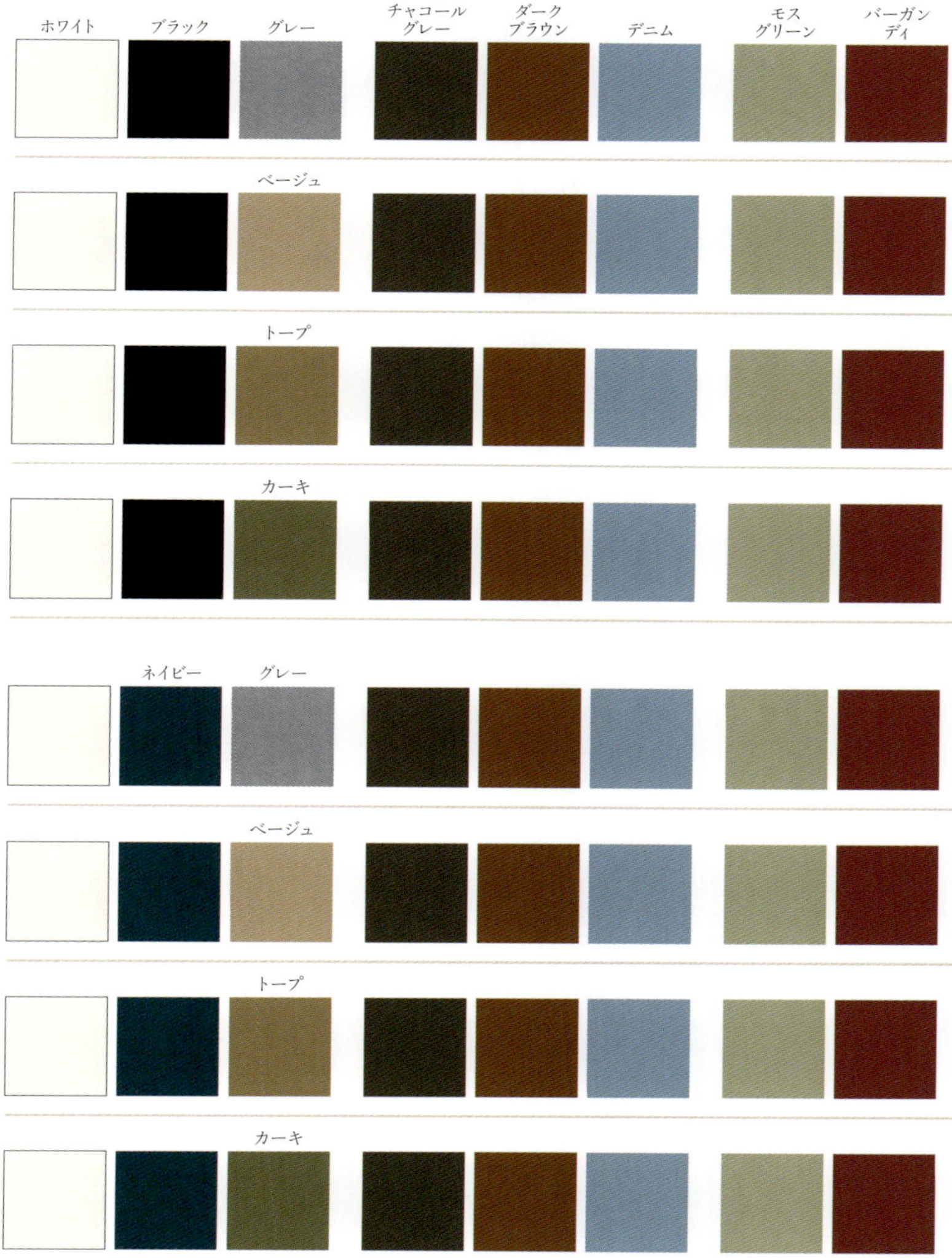

プラスワンカラーコーデ1

チャコールグレー×ベビーピンク×グレーに白をプラス。白で中和がマスト。

coat … JAMES PERSE
tops … TOMORROWLAND
pants … DOLCE & GABBANA
bag … BALENCIAGA
shoes … IENA

白×ベビーピンク×ダークブラウン。甘い色味はシャープなラインで引き算。

tops … JOURNAL STANDARD
pants … RING
bag … Sergio Rossi
shoes … L'Autre Chose

白×モスグリーン×ダークブラウン。シンプルコーデにバッグでアクセント。

tops … JOURNAL STANDARD
pants … 40Weft
bag … Sergio Rossi
shoes … L'Autre Chose

キャメル×白×黒。分量の多い色を、白と黒でおさえることで引き立てます。

punch knit … sulvam
t-shirt … velvet
pants … DOLCE & GABBANA
belt … UNITED ARROWS
bag … Maison Margiela
shoes … FABIO RUSCONI

ベージュ×チャコールグレー×黒×白。
とろみトップスをカジュアルダウン。

tops … miu miu
skirt … GALERIE VIE
bag … TODAY'S SPECIAL
shoes … PALOMA BARCELO

カーキ×白×黒。デザインを主張するトップスはベースカラーでおさえて。

tops … EVADIFRANCO
pants … AILE par IENA
bag … Maison Margiela
shoes … FABIO RUSCONI

黒×バーガンディ×白。インパクトのある色はタイツなどで取り入れてみて。

one-piece … mizuiro ind
bag … J&M DAVIDSON
shoes … Sergio Rossi

グレー×サックスブルー×紺に白をプラス。首元と手首の白で引き締めます。

stole … KLIPPAN
tops … JOURNAL STANDARD
pants … GALERIE VIE
bag … UNITED ARROWS
shoes … COLE HAAN

STEP 7

ビビッドな色にチャレンジ

きれいな色に一目惚れして思わず購入したものの、なかなか出番のないアイテムはありませんか？　大好きな色なのだけどコーディネートが難しい色。ここではそんな難しい色や、旬のトレンドカラー、さらに今まで手を出すことがなかった色にチャレンジする方法をお伝えします。

そんな「ハズした」色や主張するビビッドな色、つまりアクセントカラーを調和させて、統一感を出すには、やはり白でバランスをとるのがおすすめです。そして、全身を3色でおさえるのはこれまでどおりです。具体的には、STEP6のプラスワンカラーでも紹介した次のパターンを使います。

アクセントカラーは1色＋白＋ベースカラーから1色

チャコールグレー、ダークブラウン、デニムもベースカラーとして使っていただいてOKです。たとえば、「赤＋白＋デニム」でもいいし、「緑＋白＋紺」もいい。「ピンク＋白＋カーキ」や「オレンジ＋白＋ベージュ」も合います。合わせにくい色同士が、白が入ることで中和されます。

また、アクセントカラーの分量を全体の1～2割程度におさえるとバランスがとりやすいものです。まずは、小物で取り入れるなどしてみてください。意外に気づいていない方が多いのですが、これがチグハグな着こなしを避けるコツです。3色を同じ分量で使うと、しまりのない印象を与えがちになりますので、注意して取り入れましょう。

さらに、ベースカラーとアクセントカラーの、相性のよい組み合わせを知っておきましょう。赤、ピンクというアクセントカラーには、「黒、グレー、白」のベースカラーがよく合います。黄色や青などは「紺、グレー、白」、ベージュやカーキがベースカラーに入っていれば、オレンジや緑などが良いと思います。トープには鮮やかなマスタードイエローも素敵です。

こうした難しい色、自分に似合わないと思う色も、顔から離れた位置では取り入れやすいもの。カラーパンプスは特にアクセントカラーを取り入れやすい、おすすめのアイテムです。「この色は似合わないから……」と苦手に思っている色も、こうやってチャレンジしてみると、まとまって、幅が広がり、オシャレが楽しくなりますよ！


そのチャレンジこそが、着こなし力をアップさせることに繋がり、似合わなかったものが似合うようになってくるのです！

似合わなかったものが似合うようになっていく？

そうです。コーディネートが上手になると、つまり、「着こなし力」が上がっていくと、自然に似合う色が増えてくるのです。

STEP1でベースカラーを3色に絞りましたが、オシャレ上級者になるにつれ、黒も紺も、最終的にはグレーもベージュもトープもカーキも、自分のベースカラーとなり、広がっていきます。それにつれてプラスワンカラーも増え、どんなアクセントカラーも柄物も上手に合わせられるようになっていくのです。これがオシャレのステップを一段ずつ上がる、ということです。

ファッション誌に出ているコーディネートは、たいていこのSTEP7の段階です。しかもプロのスタイリストがモデルそれぞれに似合う色、形、トレンドを緻密に計算してコーディネートしています。さらに、山ほどある服の選択肢の中から、たった1度だけ使うコーディネートを成立させているのです（もちろん、着まわしを意識したコーディネートや特集もありますが）。

そういうコーディネートを自分のクローゼットにもってきても、他のアイテムとのバリエーションが広がることはなく、ワンパターンで終わってしまいます。

STEP1から6をとばして、いきなりファッション誌をマネようとする。その難しさ、リスクをわかっていただけたと思います。

STEP1から6を経ると、ファッション誌の見方も変わります。取り入れるべきアイテム、お金をかけるアイテムを、自分で冷静に取捨選択できるようになります。

これからは、無駄なく、失敗なく、オシャレを楽しむことができるのです。

ビビッドな色コーデ1

白×紺×グリーン。難しい色同士も、白が加わることでコーデにまとまりが。

tops … MACPHEE
pants … MACPHEE
bag … UNITED ARROWS
shoes … COLE HAAN

チャコールグレー×白×イエロー。インパクトカラーもベースカラーでおさえて。

tops … ADAM ET ROPE
skirt … GALERIE VIE
bag … J&M DAVIDSON
shoes … Sergio Rossi

チャコールグレー×白×ダークブラウン
×ゴールド。アクセントは一カ所に。

coat … JAMES PERSE
tops … UNIQLO+J
pants … MACPHEE
bag … J&M DAVIDSON
shoes … PELLICO

黒×白×ピンク。甘いピンクもハードな
ライダースに合わせて甘さを引き算。

jacket … GOLDEN GOOSE
t-shirt … velvet
pants … Jil Sander
bag … Maison Margiela
shoes … repetto

ビビッドな色コーデ2

グレー×白×オレンジ。白の分量を増やすことで、インパクトカラーを中和。

tops … theory
pants … AILE par IENA
bag … sophie anderson
shoes … COLE HAAN

グレー×白×グリーン。ビビッドカラーのアクセントは一カ所だけがマスト。

one-piece … ALEXANDER WANG
bag … MAURIZIO TAIUTI
shoes … CONVERSE

chapter 3

バッグ、シューズをととのえる

STEP 1

バッグとシューズの色を合わせる

この章では、トータルコーディネートをする上で大切な小物を見ていきましょう。中でもバッグと靴はとても重要な要素です。その2つで、コーディネートが最終的に決まると言っても過言ではありません。

ところが、それほどコーディネートを左右するものなのに、多くの人が意外に無頓着に選んでいるように思います。

シンプルで使いまわしやすいものを持つようにしましょう。

ポイントは、やはり2章のSTEP 1でお伝えしたベースカラーのものを持つということです。加えて、STEP 5でご紹介したダークブラウンも、バッグと靴にはとても使いやすい色です。

あなたのベースカラー3色と、ダークブラウン。このいずれかで毎日使うバッグとベーシックなパンプスをおさえると、失敗はなくなります。

そのときに、最優先したいのがバッグと靴の「色を合わせる」こと。黒のバッグを持つなら、黒の靴を履きます。ただ、色が合っていても、バッグと靴のテイストがバラバラだと全身のコーディネートもまとまりを欠いてしまうので、そこも合わせましょう。テイストとは、次のような人に与える印象です。

・きれいめ

・カジュアル

仕事やプライベートなど、シーンを想像してもいいでしょう。

そして、このバッグを持つときはこの靴を履く、という具合に、一緒に使うセットを何パターンか組んでおきましょう。

バッグと靴の統一感があると、服のイメージを壊すことがありませんし、出かけるときに悩むこともなくなります。毎日のコーディネートがずっと楽になるはずです。

ところで、バッグと靴の色は、服の色になじませるか、目立たせるかのどちらかです。

たとえば、ベースカラーとダークブラウンのバッグ＆靴は、服になじむコーディネートです。主張せず、全身のバランスを保つので、落ち着いた装いになります。

一方、目立たせるというのは、アクセントカラーなどのバッグもしくは靴を使うこと。モノグラムなど、ロゴがはっきりしたブランド品もこれに該当します。

目立たせる場合は、服をごくシンプルにするなど、全身トータルで主役・脇役をはっきり分けるといいでしょう。これについてはＳＴＥＰ７で詳しくお伝えします。

この段階のバッグと靴は、何パターンもの服に合わせることになるものですので、オシャレについて勉強中のＳＴＥＰ１ではまだ、主張しすぎないデザインを選びましょう。

さらに「全身のコーディネートを３色以内にする」という視点からも、むやみに色味を増やさないようにしたいのです。

だからこそ、ベースカラー３色とダークブラウンのバッグ＆靴なのです。

具体的にどんなものを選べばいいのか。次のＳＴＥＰから詳しくお伝えしていきます。

なじませコーデ、際立たせコーデ

インパクトのあるゴールドのバッグは一点投入でアクセント。靴は色をおさえて。

tops … MM⑥
pants … La TOTALITE
bag … J&M DAVIDSON
shoes … FABIO RUSCONI

ワンピースにもなるニットにワイドパンツを重ねて。トープの小物でコンサバに。

tops … MM⑥
pants … La TOTALITE
bag … PRADA
shoes … COLE HAAN

ホワイトセット。すべての色に合う白。ヘビロテ必至のセットはぜひおさえて。
bag … J&M DAVIDSON
pumps … Sergio Rossi

ブラックセット。小物の定番カラーの黒。パンプスだけでなく、ブーツも合わせて。
bag … Maison Margiela
boots … L'Autre Chose
pumps … FABIO RUSCONI

ダークブラウンセット。すべてのベースカラーに合う、使いやすい色NO.1小物。

bag … Sergio Rossi
pumps … PELLICO
sandals … L'Autre Chose

トープセット。エレガントな大人色の小物は使いやすいトートバッグのセットで。

bag … PRADA
pumps … COLE HAAN

STEP 2

定番のパンプスを持つ

大人の女性の足元に、定番としておすすめしたいのがパンプスです。パンプスとひとことで言っても、実は奥が深いものなのです。ヒールのあるなしや、甲部分の開き方、つま先の形状など、さまざまな形があります。

その中でも私が一番推したいタイプは、ポインテッドトゥの8センチヒール。私たちスタイリストにとって、日本人の脚をいかに長く、きれいに見せるかは大きな命題です。そのためのアイテムが、ポインテッドトゥの8センチヒールなのです。

まず、圧倒的な脚長効果があります。
しかも、胸を張って、前かがみにならず、姿勢良く歩けるちょうどよいバランス感。

自然にエレガントな身のこなしになります。

10センチだと高すぎて歩きにくく、5センチだとややもの足りない。8センチは、慣れてくればそれほど歩きにくくはない高さです。

とはいえ、ヒールを履き慣れていない人にとって、いきなり8センチは高すぎ！という声も聞こえてきそう。

そんなときは、5センチ程度のヒールから徐々に慣らしていくのもいいと思います。歩くときに膝が曲がらなければ、ヒールに慣れた証拠です。

つま先がとんがったポインテッドトゥという形については、とても足をきれいに見せることができます。シャープな印象も魅力的です。

ちょっと甘めのファッションでも、ポインテッドトゥの効力で、辛口を足せ、引き締めることができます。もちろん、甘くないスタイルだとしても、とても素敵に使えます。

このようにポインテッドトゥの8センチヒールはいいこと尽くしで、汎用性の高いアイテムです。これから足元のオシャレを広げていく1足目として、ぜひ履きこなしてください。

ポインテッドトゥは、ボトムスを選ばず使いやすいデザインでもあります。基本のボトムス、つまりワイドパンツ、テーパードパンツ、タイトスカート、ガールフレンドデニムのすべてに合います。

丈の長いパンツの場合は、かかと側の裾はヒールにかぶるくらい、床からギリギリのラインを目指します。

足の甲側は、肌色がのぞく丈感が理想的です。足の甲が見えずに、パンツとパンプスがつながってしまうと残念な印象になります。少し肌が見えるくらいがきれいです。

そのためには、ポインテッドトゥの中でも、足指の股がのぞくくらいのカットが、雰囲気が出ておすすめです。胸の谷間が見えるといやらしいですが、足の指が見えるとちょっと色っぽい。清潔感のある色気で、大人度が上がります。

また、パンプスを履くときにソックスを合わせる場合は、カバーソックスが見えないようにしましょう。

ストッキングを履く場合は、限りなく素足に見える色のものを選びましょう。また、指先の生地が厚くなった部分が見えてしまうと、とたんにおばさんぽく見えてしまいます。指先に切り替えのないものを履いてください。

パンプスの色については、1足目を黒やダークブラウンにしたなら、2足目はぜひ別のベースカラーの色を揃えてみてください。

黒だとちょっと重いな、というときに、グレーやベージュ、トープ、カーキなどの靴を履いたりすると、軽やかに、垢抜けて見えます。毎日の服との色合いが格段に上がりますので、試してみてくださいね。

足の指の股が見えるだけでドキドキする。パンプスは大人のオシャレの定番。ぜひ使いやすい色のポインテッドトゥをおさえて。

pumps … PELLICO

黒の小物をニットと同じトープに変える
だけで、エレガントにスタイルアップ。

tops … chalayan
pants … MARGARET HOWELL × EDWIN
bag … PRADA
pumps … COLE HAAN

トープのニットにブラックの小物。定番
の黒はコーディネートの基本アイテム。

tops … chalayan
pants … MARGARET HOWELL × EDWIN
bag … Maison Margiela
pumps … FABIO RUSCONI

STEP 3

ヘビロテバッグを持つ

次はバッグについて考えてみましょう。最初のバッグは、ぜひブランドを主張しすぎない、シンプルなものを選んでください。

お気に入りのデザインや好きなブランドのバッグなどを選びがちですが、ロゴを主張するバッグは主役級のアイテム。トータルコーデから考えると、バッグがあまりにも目立ってしまってはブランドアピールだけになりがち。全体の雰囲気を台無しにすることもあります。毎日使うバッグはどんな服にも合わせやすいものが一番です。

そうなると最初のバッグは、ベースカラーのベーシックなデザインに。

四角っぽい形に持ち手がついているトートタイプが、プライベートでも、お仕事の場面でも使いやすいでしょう。

次は、ショルダーバッグ。アクセサリーのかわりにもなりうるアイテムです。やはりいろんなシーンで使えるベーシックな色がおすすめです。

クラッチバッグも大人らしい品があり、人気が高まっていますね。ハンドバッグとしても使用できるような2WAYのタイプは便利で、私も愛用しています。

以上、3種類くらいあれば十分ではないでしょうか。

私の場合、プライベート、仕事を含めて、バッグは正直、3個くらいで事足ります（スタイリング用に持っているものをこの本では掲載していますが）。合わせやすいメインのバッグが2、3個あれば、私はバッグをたくさん持つ必要はない、とお客さまに申し上げているくらいです。逆に、主張しすぎる色や形のバッグは、それを主役にしたコーディネートのときにしか引き立たず、服を選びます。悪く言うと、コーディネートの邪魔になることもあるのです。

つい、素敵なデザインや色だけでバッグを買ってしまいがちですが、オシャレを学んでいるこの段階では、服とコーディネートすることを前提に選びましょう。アクセントになるバッグはまだ我慢したい時期です。

バイカラーや多色使いのバッグも、トータルコーデを混乱させてしまいがちですのであえて控えてみてください。

基本の3つのバッグ

ヘビロテするバッグは3個あれば十分。何種類ものバッグを持つより、使いまわしやすいバッグを2、3個おさえることがマスト。

tote bag … PRADA
clutch bag … Maison Margiela
shoulder bag … Sergio Rossi

STEP 4

白いスニーカーを持つ

歩くことが多い日に活躍するスニーカー。カジュアルダウンしたいときにも最適です。今やスニーカーは本来の用途だけではなく、ファッションのアクセントにもなりうる存在。パンプスの次はスニーカーをひとつ選びましょう。

まずおさえておきたいのが、白のスニーカーです。

2章で、ベースカラーの中でも白は特別な色であることをお伝えしました。ワンカラーやモノトーンコーデを引き立たせ、どんな色も邪魔しないのが白です。

形はプレーンなローカットを選びます。

素材は、レザーや合皮のものがおすすめです。白は汚れが気になって抵抗がある方も少なくないと思いますが、レザーや合皮であれば、比較的お手入れがしやすいです。防水スプレーでしっかりケアしてから履き始めましょう。

また、キャンバス素材などのスニーカーはつい洗ってしまいがちですが、それはNGです。水洗いしてしまうと、きれいな白が黄ばんでしまいます。

キャンバス素材もレザーと同じく防水スプレーをしましょう。汚れがついてしまったら、靴専用の消しゴムで消しましょう。防水スプレーをしていると、格段に汚れが落としやすくなります。しっかりケアしてきれいな白で履きたいものです。

スニーカーに合わせるボトムスは、ガールフレンドデニムならぴったりです。

タイトスカートでデニムやスウェットなどカジュアルな素材の場合は、膝丈の他、マキシ丈なども素敵です。

ワイドパンツは、くるぶし丈にも、引きずるほどの長めの丈にも合います。ゆったりしたボリューミーなハリ感のあるものや、テロンとした素材にもおすすめです。

いずれも靴下は、スニーカーからのぞかないものを選んでください。ストッキングはやめておきましょう。

白いスニーカーコーデ

ダークブラウン×白のインパクトニットも、白のスニーカーでバランスをとって。

tops … MACPHEE
pants … La TOTALITE
bag … Sergio Rossi
shoes … CONVERSE

ダークネイビーのワンピースに白でアクセント。バッグでニュアンスを出して。

one-piece … intoca.
bag … BALENCIAGA
shoes … CONVERSE

STEP 5

使えるエコバッグを持つ

多くの人が日常使いしている、エコバッグ。お仕事帰りのお買い物用に、いつも携帯している人も少なくないはず。

このエコバッグも、スニーカーと同様にファッションのアクセントにもなるアイテムです。日頃のコーディネートに取り入れて、軽やかな雰囲気をつくりだしてみましょう。

エコバッグは、カラフルな色など、単体で見るとてもかわいいものもありますが、服とコーディネートすることを前提に選びましょう。バッグでコーディネートが台無しになることもありますから、吟味して選びます。

おすすめは、どんな色にもなじみ、邪魔しない生成り地のものです。「白バッグ」

として効かせることができます。

オシャレな雑貨屋さんなどでよく見かける、ショップのロゴが入ったシンプルなもの。私は、それが一番いいと思います。


プチプラなのに、ロゴがアクセントになった素敵なエコバッグは、スーパーやお散歩だけではもったいない。ちょっとしたお出かけにも使えるマストアイテムに格上げしましょう。

生地の厚さや形もさまざまですので、ぜひ毎日のスタイルに合わせて取り入れてくださいね。

肩ひもを結んでみたり、ロゴの見せ方にもこだわってみてください。

エコバッグをオシャレに取り入れる

モノトーンコーデもエコバッグでスタイルアップ。お使いだけじゃもったいない。

gilet … Munich
tops … UNIQLO
pants … JAMES PERSE
bag … TODAY'S SPECIAL
shoes … PALOMA BARCELO

シンプルなコーディネートこそ、エコバッグが主役。ロゴをアクセントにして。

tops … UNIQLO
pants … rag & bone
bag … TODAY'S SPECIAL
shoes … CONVERSE

STEP 6

ベーシックなサンダルを持つ

夏の靴といえばサンダル。目をひくかわいいデザインも多く、いつの間にか増えすぎてしまうこともありますね。

ですが、夏のシーズンに毎日のように履く場合でも、2、3足あれば十分です。

実は、サンダルは靴の中で一番クオリティーがわかりやすいアイテム。素材感や縫製など違いは一目瞭然で、上質なものは履きごこちもよく、長持ちするものなのです。多くの種類をたくさん揃えることより、クオリティーの良いものを2、3足持つことがおすすめです。

サンダルも、やはりシンプルなデザインの、ベースカラーのものが使いやすいです。ぜひ、ヒールがあるものもおさえましょう。8センチヒールのパンプスと同様に、脚長効果「大」ですから。

かかとはホールドされているものが歩きやすくて疲れません。

甲のデザインは、Vになっているものより、足指と平行になったデザインのほうが、どんな服にも合わせやすく使いやすいでしょう。


また、サンダルから見えるネイルにもこだわりたいものです。

ネイルも靴の一部です。色味を増やさないために、ヌーディーカラーやベースカラーくらいが私はいいと思っています。

色を増やすなら、2章のSTEP6でご紹介したプラスワンカラーの色くらいでおさえると、全身のコーディネートを壊しません。

足元のネイルは比較的長持ちするので、サンダルともコーディネートをよく考えて色を決めてくださいね。

基本のサンダル

パンプス同様、スタイルアップの定番ヒール。妥協しないで選びたい一足。
sandals … L'Autre Chose

サンダルはベーシックな色をおさえたいもの。ネイルにもこだわって統一感を。
sandals … PALOMA BARCELO

STEP 7

主役級のバッグ、シューズを加える

ひと通りの靴とバッグが揃ったら、チャレンジしたいのが主役級のバッグです。全体に柄が入ったデザインやアクセントカラーのクラッチバッグ、ブランド色が全開のもの。存在を主張するバッグは、ステップアップしたこの段階で取り入れましょう。

一目見てすぐわかるような憧れのブランドバッグは、かなり早い段階で取り入れている人が多いのですが、ファッションが伴わないのにブランドバッグを取り入れても、初心者感を強調してしまうだけになってしまいます。

バッグが一人歩きしてしまわないように、自分のファッションの軸が定まった今こそ、吟味して取り入れてみましょう。きっとあなたのスタイルを格上げしてくれるはずです。

また、バッグにお金をかけがちですが、靴にもお金をかけたいところ。ブランドバッグの足元が、チープなパンプスにならないように気をつけたいものです。靴はクオリティーが顕著に現れますから、数より質で選びましょう。

主役アイテムは、周りをシンプルにまとめてこそ際立ちます。そうしないと、あれもこれも主張し合い、足を引っ張り合うことに……。あの日に買った一押しのサンダル、この日に買った一押しのバッグが一緒になると、全体にまとまりがなく、コーディネートを崩しかねません。

色味は少なめに、デザイン性が強いアイテムは1点だけ投入するのがポイント。バッグをその日の主役にするのなら、靴はベースカラーの定番パンプスや白のスニーカーにしましょう。靴を主役にするなら、バッグはベースカラーのプレーンな形のものを持ちましょう。

パーティーなどちょっと特別な日でも、存在感のあるクラッチバッグを持てば、足元はよくお手入れされたシンプルな8センチヒールのパンプスで十分です。そのほうが、あれこれ過度にアピールするよりも、ずっとこなれて見えるものです。

主役級のバッグ、靴

主役級の小物は1点投入がマスト。足を引っ張らないようその他は脇役に徹して。

tops … JOURNAL STANDARD relume
pants … La TOTALITE
bag … Maison Margiela
shoes … repetto

主張するバッグはシンプルコーデこそ引き立つもの。バッグを主役にコーデ。

tops … Cathy Jane
pants … GALERIE VIE
bag … collection PRIVÉE L'UX?
shoes … CONVERSE

chapter 4

アクセサリー、
ストールを選ぶ

STEP 1

アクセサリーは少ないくらいでちょうどいい

アクセサリーは、こなれ感やトレンド感を出してくれるアイテムです。オシャレを意識している人は、上手に取り入れていますね。

ただ、アクセサリーをつい、ネックレス、イヤリング、ブレスレット……とあれこれ取り入れすぎている人も見受けます。

アクセサリーを、ただ、たくさん着けていればオシャレ感が増すわけではありません。というか、着けすぎてまとまりがなくなるとマイナスになってしまいます。

そして、どんなに素敵なアクセサリーでも、たくさん着けすぎるとひとつひとつが際立たなくなってしまいます。首元にも耳にもと、いろいろある必要はありません。

引き算していきましょう。私はひとつでいいと思っているくらいです。

後に出てくるSTEP4のような主張するデザインはもちろんのこと、ネックレスとイヤリングのように顔周りに着ける場合は、どちらか1点だけにするなど少な目にしたほうがスッキリして、センス良く見えます。

2点以上投入する場合は、小さめのピアスとブレスレットにするなど、離れた位置に取り入れるほうが際立ちます。

アクセサリーにもバランスが大切です。分量と位置を、鏡の前で見直してみましょう。

STEP 2

まずは小さめのアクセサリーを身に着ける

いつもの服に、なんとなく華やかさをプラスしたい。そういうときに活躍するのがアクセサリーです。かわいいデザインにひかれがちですが、服とコーディネートするなら、アクセサリーは脇役に徹しましょう。

アクセサリー売り場に並んでいるものを素敵だと思って買ったものの、いざ自分が着けてみると何か違う、まとまらない、と感じたことはありませんか?

アクセサリー売り場は、アクセサリーが引き立つようにディスプレーされています。つまり、アクセサリーはオブジェのような存在。アクセサリーが主役のコーディネートのときにはとても素敵に見えますが、毎日、着けたいのなら、ごくシンプルなものがいいのです。

かわいさ全開のアクセサリーをもってくると、とたんに媚びた印象になりがちですし、中途半端なサイズでただなんとなく着けたアクセサリーは、着けても意味をなさないものになってしまいます。コーデを邪魔しないものにしましょう。

さて、脇役に徹したアクセサリーは、小さめのものがいいでしょう。ピアスやペンダントトップなどは4ミリ以下で、ネックレスのチェーンも限りなく細いタイプにしてください。着けていることを主張しないデザインを選びます。糸のように細いチェーンのピアスもいいですよ。

大きさが1センチになれば、もう主役級と考えてください。このSTEP2の段階は、雰囲気を醸し出すアクセサリーで十分です。あくまで「さりげなく」にこだわってくださいね。

また、シルバーやゴールドなどアクセサリーの色味で迷ったときは、年齢が上の人ほどゴールドがおすすめです。顔周りに身に着けるアクセサリー、くすみがちな肌にシルバーが加わると、どことなく地味な印象になってしまうのです。ゴールドの色味をプラスすれば、顔色が明るく見えます。

いっそペンダントトップを外してしまうのもアリ。
脇役に徹するならシンプルにこだわります。顔
周りでちらっと光るだけで十分。

STEP 3

ストールの使い方をマスターする

オシャレのアクセントになるストール。ストールが加わるだけで雰囲気がガラッと変わります。自分に合った使い方にこだわりましょう。

ストールにも洋服と同じく流行はあります。でも、トレンドだからといってむやみに取り入れないこと。自分らしさを見失わずに、吟味してからにしてください。

ストールの使い方は大きく分けて「巻く」と「垂らす」の2パターン。

「巻く」場合は、首元に巻いてボリュームを出します。オフタートル風にゆるみをもたせた巻き方は、小顔効果がありバランスが良くなります。

「垂らす」場合は巻かずにフロントに垂らし、スッキリと縦のラインをつくります。左右の長さを揃えず、アンバランスにしたほうが素敵に見えます。

印象が異なる2パターンですが、似合うタイプもザックリと2パターンに分けられます。

なで肩の方やかわいらしいイメージの小柄さんは「巻く」。

肩幅広めの方やクールなイメージの大柄さんは「垂らす」。

どちらか迷った場合は、実際の身長よりも低く見られがちな人は「小柄」、高く見られがちな人は「大柄」と考えてみてください。

あなたはどちらのパターンですか？　もちろん着る服やヘアスタイルなどの雰囲気によっても使い分けます。

なで肩の人が垂らす場合は、ワンカラーコーデにストールでアクセントをつけたりなど、はっきり主張させたほうがいいでしょう。

肩幅広めの人が巻く場合は、ダークな色のストールに。コンパクトな印象にまとまります。

ストールの使い方

ストールの端が斜めになるようにバイヤスにかけて。アシンメトリーがマスト。
stole … CITRUS

首に巻きつけるのではなく、空気を含ませるようにゆとりをもたせるのがコツ。
stole … CITRUS

STEP 4

インパクトアクセサリーを加える

次は、インパクトアクセサリーを使ってみましょう。

インパクトアクセサリーとは目立つ色やボリュームのあるデザインのアクセサリーを指します。1センチを超えるピアスやイヤリング、ペンダントトップなどは、私の定義ではこれにあてはまります。

存在感のあるアクセサリーは、脇役ではありません。主役として扱います。シンプルな服に合わせることがマスト。アクセサリーを服で引き立てましょう。

たとえ白のように主張しない色味のトップスでも、レースやフリルのついた服にインパクトネックレスを重ねてしまうと、アクセサリーの魅力を減らしてしまいます。服のデザインもシンプルを心がけてください。

イヤリングの場合も、ぶら下がるデザインのものには首元のあいたトップスやアウター、目立つ色にはベースカラーのトップスを合わせるなど、アクセサリーをメインにしたコーディネートをつくります。

そうすれば、アクセサリーが、買ったときと同じイメージでよみがえります！　気に入って買ったはずですから、効果的な使い方をしたいものです。

また、インパクトアクセサリーはヘアスタイルとも深く関係しています。長い髪はまとめたり、耳にかけたりなどして、アクセサリーを際立たせるよう心がけましょう。

重ね付けのリング、5連に巻くブレスレット、アシンメトリーのピアス。どれもシンプルコーデにアクセントをつけてくれる主役たち。

bracelets…CHAN LUU
earrings…WOUTERS & HENDRIX
rings…IOSSELLIANI

STEP 5

腕時計を外す

アクセサリーの取り入れ方に慣れてきたら、意識してほしいのが腕時計です。腕時計はいくつお持ちですか？　どんなに多い方でも、靴やバッグほど持っていないのではありませんか？

当然ですが腕時計もトータルコーディネートの一部です。理想を言えば、数ある中から服に合わせて選びたいのですが、そうもいきません。

だからこそ、できるだけどんな服にも合わせやすい腕時計を選んでおきたいものです。おすすめは小さめの文字盤にベースカラーの革のベルトです。

ベースカラーなら、服と色味が合うのでトータルコーデの邪魔になりません。3章STEP 1でセットにしたバッグ&靴と同色で合わせておくと、より幅広く使えます。

ハイブランドの、あまり主張する時計は要注意です。ひとつ選ぶとしたなら、カルティエのタンクの革ベルトでしょうか。しかもベースカラーの革ベルトくらい、控えめなものがいいと思います。

でも、そんな時計といえど、すべてのコーディネートに合うわけではありません。なんとなく合わないと思った場合は、腕時計は着けない、という選択をしましょう。トータルコーディネートにこだわって、あえて着けない、ということです。

これは、私の失敗例なのですが、記念日にボーイズサイズで文字盤がピンクの時計を買いました。ベルトもシルバーチェーンのがっちりしたタイプで、それがどうしてもどの服にも合わせづらかったのです。形、大きさともにインパクトがあり、しかもピンクの文字盤が全身コーディネートの1色をとることに。10年に一度の投資と思って買った時計でしたが、出かける前に鏡を見て、結局外すばかり。とうとう今日まで、ほとんど着けずに過ごしています。

コーディネートの邪魔になるなら、腕時計は外すべき。時計と位置の近いブレスレットに限らず、他のアクセサリーや全身のファッションとの相性を考えたとき、合わない腕時計は着けないという選択もあることを覚えておいてください。

STEP 6

ハットを投入する

ハットには、みなさん、どんなイメージがありますか?

オシャレな人がかぶっている印象が強いと思いますが、まさにその通り。かなりの上級者アイテムです。

着こなし力がよほど身についていないと、かっこよくかぶることはできません。帽子だけが一人歩きしてしまいます。

なぜなら、服やヘアスタイルに合わせて、その時々でかぶり方にアレンジが必要だから。

まだ慣れないうちからハットを取り入れてしまうと、うまく合わせられなくてクローゼットで眠ってしまうことも。小物使いをマスターしたタイミングで取り入れたいものです。

ハットは、パナマやストロー、フェルト素材など、季節によってもいろんな種類がありますし、ブリムの幅や形もさまざまですので吟味して選んでください。

ブリムの幅は広めのほうが小顔に見えます。カーブはあまり反っていない、平らなもののほうが失敗は少ないです。

色はやはりベースカラーのものがおすすめです。黒や紺から始めて、それ以外のベースカラーに広げていきましょう。

かぶり方は、顔の骨格によっても異なります。気持ち深めにかぶったり、前を少し上げて浅めにかぶったり、前後の角度が大切です。一般的には、丸顔の人は浅めにかぶったほうがスッキリと見え、面長の人は深めにかぶったほうがいいでしょう。

また、ハットとヘアスタイルはとても深く関係しています。ヘアスタイルが変わるとかぶり方も変えたほうがいいほどです。言い方を変えれば、どんなヘアスタイルでも、毎回同じかぶり方をしているうちは、まだハットは早すぎるということ。髪を片方だけ耳にかけたり、後れ毛を活用するなど研究し、ベストなバランスを見つけてみ

ましょう。

当然、洋服や、目指すイメージによってもかぶり方は変わります。おおまかには、前を上げてかぶるとかわいらしいイメージに、前下がりにかぶるとモードな印象になります。

さまざまなかぶり方がありますから。それを考えてみるのも、楽しいですね。

数多くはいらない。いくつものコーデに合わせられるハットが少しあればいい。ベーシックな黒、顔を明るくしてくれる色をおさえて。

black hat … Crushable
white hat … ACROSS THE VINTAGE
gray hat … hatattack

STEP 7

スカーフを取り入れてみる

ファッションに興味がある人なら、1枚は持っているスカーフ。アクセントとして足すことで、日常のスタイルが特別なものになります。巻き方次第でシンプルな服のバリエーションが何通りにも広がる。こういうところは、本当に興味をそそられますよね。

スカーフは、自分スタイルが明確になったSTEP7こそ、取り入れたいアイテムです。柄も多様なスカーフは、首元を華やかな印象にしてくれますが、かなり高度な着こなし力が必要です。

首にタイトに巻くとフェイスラインが強調されることになるため、モデルさんのような小顔でもない限りは、少しゆとりをもたせた巻き方がおすすめです。また、顔周りに巻くにはちょっと抵抗がある場合は、ぜひベルトの代わりに。

主張する柄がほとんどなので、色のバランスには気をつけて取り入れましょう。

スカーフのアレンジは少しハードルが高い、という人は、デザインストールはいかがですか？　スカーフよりは色味をおさえられるので、取り入れやすいと思います。

ストールにビーズやスパンコールがあしらわれたものや、ネックレスと一体型になったものもあります。ムートンファーストールなどは色味をおさえつつ雰囲気が出せます。

ただ、デザインストールも結構ハードルの高いアイテムではあります。たとえばムートンファーストールにしても、普通に着けると甘くなりすぎてしまいます。そんなときは、ちょっとイレギュラーに、切りっぱなしのものをアシンメトリーに着けるなど、あえてバランスを崩すくらいの工夫が必要です。

スカーフも、デザインストールも、装いを印象づける上級者のアイテムです。オシャレの最終ステップとして、素敵に加えてみてください。

スカーフの取り入れ方

スカーフを三角にたたんで端を結ぶだけ。ワンピースのアクセントに。

one-piece … ALEXANDER WANG
scarf … MARC ROZIER
bag … UNITED ARROWS
shoes … CONVERSE

顔から離れた位置なら、スカーフも使いやすいもの。ベルト代わりに活用して。

punch knit … sulvam
tank top … UNIQLO
pants … DOLCE & GABBANA
scarf … MARC ROZIER
bag … Maison Margiela
shoes … FABIO RUSCONI

デザインストールの使い方

ムートンファーストールは、アシンメトリーにかけて。辛口のスタイルに。

tops … PRADA
pants … MARGARET HOWELL × EDWIN
mouton stole … JOURNAL STANDARD
bag … Sergio Rossi
shoes … PELLICO

デザインストールはストールと同系色のコーデに。華美になりすぎないように。

tops … velvet
skirt … IENA
stole … CITRUS
bag … Maison Margiela
shoes … FABIO RUSCONI

chapter 5

クローゼットを使いやすくする

STEP 1

服を選びやすいクローゼットをつくる

クローゼットは服をきれいに保存する場所だと思っている方が多いですが、着る服を選ぶために活用するものだと認識を変えてください。収納というより、服というアイテムを選ぶための作業場所のようなもの。毎日、最高の自分になるための服を選ぶために、見やすく、取り出しやすくする。そのような工夫をしてほしいと思います。ぎゅうぎゅう詰めのクローゼットは、服選びも大変で、想像力を狭めます。

まずは、洋服の量を減らすこと。不要な服はどんどん取り除きましょう。また、収納道具も選びましょう。案外、ハンガーの厚みで収納をふさいでいることも。厚みのあるハンガーは、それだけでもかなりのスペースを占めてしまいますから、ハンガーをコンパクトにしましょう（STEP5をご覧ください）。また、バッグの数も厳選し、ベストなアイテムだけ置くようにします。

そうやって、その時期に使う服を、すべて「見える化」します。「服はきれいに収納するためのものではなく、着るためのもの」着るためには選びやすくすることが一番なのです。

さらに、定期的にクローゼットを見直すことで、以前の服も買ったときの印象がよみがえり、服をいかせるようになります。似たような服やバッグばかり買ってしまう人は、持っているものを忘れていることが多くあります。定期的にクローゼットの中を見直して、自分が持っているものを頭に叩き込みましょう。

また、安易に買い物をした結果、服が増えすぎたクローゼットは、コーディネートの幅を広げるどころか、逆に視野を狭めてしまいます。ファッションの軸もぶれやすく、コーディネートの劣化につながります。購入するときは「いつか使える」という軽いノリではなく、本当にクローゼットの仲間に加えていいか、あるもので代用できないか、考えてみてください。

STEP 2

「痩せたら着よう」という服は手放す

クローゼットをととのえること。これはオシャレを大きく左右します。毎日のコーデを決めると言っても過言ではありません。

「いつか使えるはず」と、着ない服で溢れたクローゼットの中から服を選ぶより、使える服だけのスッキリしたクローゼットのほうが、圧倒的に選びやすいです。毎日のたった1コーデを選ぶためには、分母はできるだけ少ないほうがいい。

それほど大切なクローゼットなのに、新しい服を買うことばかりにとらわれて、整理がおろそかになっている方が多々いらっしゃいます。それがコーディネートの足を引っ張っていることに気づいてください。

服をたくさん持っていても、コーディネートの幅は広がるわけではありません。

服を持っていることを忘れてしまったり、自分で管理できないほど多量の服では、毎日のコーディネートにいかせないからです。

ここからは、整理収納アドバイザーとしての目線からも、服を使いこなせるクローゼットにするためのステップをお伝えします。

最初にやるべきことは、今、着る服だけのクローゼットにすることです。

クローゼットの中にある服で、サイズが合わないものはありませんか？　痩せたら着ようと思って大切にしまってある服です。高かったから捨てられないとか。

その服、捨てましょう。

なぜなら、痩せたらもっと素敵な服が欲しくなるからです。思い出がいっぱいで捨てられない服も、まずはクローゼットから出しましょう。

いくら高価なブランドの服でも、2年間着ていないアイテムはもう着る機会がないものと思って間違いないです。いったん、手放しましょう。

どうしても手放せないものは、収納ボックスに入れて別の場所へ。1年後にもう一度見直す「予備軍」として保管してもいいでしょう。

STEP 3

太って見える服は、今すぐ捨てる

明らかにサイズの合わない服、何年も着ていない服を処分したら、次にスタイルアップして見える服だけを厳選します。

1章のSTEP2「体型をカバーする」を思い出してください。

一着一着写真に撮ってみた自分のスタイルはいかがでしたか？　なんとなく痩せて見える服があったり、逆に太って見える服もあったのではありませんか？

改めて、そんな目でクローゼットの中の服を一つひとつ見直してみましょう。

自分でなかなか決められない方は、着てみたときに若く見えるか、老けて見えるかで判断しましょう。

あるいは、首が詰まって見えたり、脚が短く見えたり、ネガティブな印象を与えるものはやめましょう。

このとき、身体にぴったりしたデザインも捨てましょう。

ムッチリはＮＧ。理想は「ちょいゆる」でしたね？

身体にフィットしたデザインで細く見えるのと、自分が痩せて見えるのとは違います。ワイドパンツのようにゆったりしたデザインでも、痩せて見えることはあります。

さらにウエストがゆるすぎるとか、胸があきすぎて安心できないとか、縁遠くなった服もこの際、捨てたほうがいいでしょう。

鏡をじっくり見て、あるいは写真に撮って決断しましょう。

さらに、言わずもがなですが、服自体がかなりくたびれていて、メンテナンスができないようなものも、捨てましょう。自分が好きでも、いい印象をもたれません。

オシャレは自己満足だけでは成立しないのです。

STEP 4

色で厳選する

次にコーディネートの基本になる色味を厳選して、クローゼットの中を似合う色の服だけに絞っていきます。

目指したいのは、3色のクローゼット。2章で厳選したベースカラーの3色です。クローゼットに色が溢れているからコーディネートに悩むのです。トレンドカラーを取り入れるよりも、クローゼットを自分に似合う、まとまりやすい「3色」にするだけで、自分スタイルが確立され、コーディネートがずっとしやすくなるのです。

カラー診断といって、自分に似合う色を診断する方法があります。それ自体はいいと思うのですが、診断された色をすべて揃えようとする人がいます。

私はその中の数色だけで十分だと思っています。自分に必要な色は、それほど多くなくていいのです。

自分の大好きな落ち着く色を厳選して、それを中心にした服だけにする。
すべての服を把握して、朝、コーディネートに悩まないようにする。
厳選された服は、どのように組み合わせてもセンスよく見えるようになっている。
そんなクローゼットにできれば、どんどんオシャレになっていきます。

実際、私のクローゼットは両手を広げた幅にも満たないくらい小さなものです。そこにすべてのアイテムを収めています。決してぎゅうぎゅう詰めにしているわけではありません。

それだけ普段使う服は少ないということです。そして、それ以上の服はいらないと思っています。いろいろな色も、必要ないと思っています。

さぁ、クローゼットの中の色を絞りましょう。そして、そこをベースカラーの定位置にしましょう。

STEP 5

ハンガーを統一する

ここまでのステップで服が厳選されたら、次はハンガーを統一しましょう。

いろんな形のハンガーが混在していると、服の見え方も違ってきます。ハンガーの肩の高さが揃ってないと、他の服に埋もれて視界に入らなくなることも。持っていることを忘れてしまっている服があるとしたら、それはハンガーのせいかもしれません。ハンガーを統一すると、すべての服が同じ条件で見えるようになるので、断然服が選びやすくなります。

また、Tシャツなども普通はたたんで収納しがちですが、毎日のように着る時期はハンガーにかけて見えやすくすることがおすすめです。たたんだ状態よりハンガーにかかっていたほうが圧倒的に選びやすい。私はボトムスも可能な限り、ハンガーにかけて収納しています。

愛用しているハンガーは、次ページの写真のアーチ型のハンガーです。ハンガー自体が薄く、場所を取らないので、クローゼットの中に驚くほどたくさんの服が収まります（例外は、メンズのようなカチッとしたテーラードジャケットです。ハンガーの形と肩の部分のデザインが合わないことが多いからです。そういう服の場合は、購入時にお店でくれるハンガーをお使いください）。

このハンガーなら、洗濯物のお片づけ時間も短縮できます。洗濯物をアーチ型のハンガーにかけて干す。乾いたらそのままクローゼットに収納します。ハンガーから外す手間もありません。ハンガーの跡が残りにくく、カットソーやスウェット素材を干しても形が崩れません。服を着るときには、空いたハンガーをクローゼットに戻さず、洗濯物を干すときに使いやすいよう、ひとまとめにしておきましょう。

「ハンガーを変えたくらいで、そんなに効果あるの？」と疑っていたお客さまも、「やってみたら家中のハンガーを変えるほどにはまりました！」という人もいます。ぜひハンガーを見直し、スペースに余裕をもたせて、服を選びやすいクローゼットを目指しましょう。

使いやすいハンガー

アーチ型のハンガーは、トップスだけでなくボトムスまでかけられて便利。服の選びやすさが格段に上がります。

STEP 6

引き出しを活用する

ザックリしたニットやデニムなど、ハンガーかけでは収納しづらいものもあります。たたんで収納したい服は、プラスチックの引き出しに入れて、ハンガーの下に並べて収納します。プラスチックの引き出しは、2段、3段とスペースに合わせて重ねることができるので、ハンガーかけの服の丈に応じて高さを調整しましょう。

ハンガーかけトップスの下にはたたんだボトムス、ハンガーかけボトムスの下はたたんだトップスというように、合わせる服同士が近いほうがより選びやすいと思います。何が入っているかわかりやすくするためにラベリングすることもおすすめ。

引き出しの中はすべてが見えるように、基本的には立てて収納したいのですが、やわらかいニットなどは引き出しの手前に平置きで重ねます。優先したいのは収納方法ではなく、着たときの服のコンディションです。

服を収納するプラスチックケース

引き出しの中はカゴで仕切って指定席を。詰めすぎるとシワが入りやすいもの。着るときのコンディションを優先した収納を心がけて。

ポリプロピレンの収納ケース(無印良品)。木製の引き出しより、圧倒的に収納力あり。ただ、深すぎると使いにくいので、20センチ前後の深さが理想的。

STEP 7

アイテムごとにグラデーション収納

クローゼットの中は、アイテムごとにグラデーション収納にします。

まずはハンガーかけのトップス、ボトムス、ワンピース、アウターのようにアイテムごとに分けます。すでに選んだトップスに合わせてボトムス、アウターというようにチョイスできるように、アイテムごとに並べることが肝心です。

そして、アイテムごとに、色の配列をグラデーションにします。たとえばグレーにも、色の濃淡があったりしますね。それを「薄い↓濃い」の順に並べておくのです。

これは、引き出しの収納の場合も同じです。色で並ぶ順番が決まると、洗濯してから戻す位置も明確になり、服の定位置が自然と定まります。

このように並び替えると、これまで気づけなかった、自分が持っている色の傾向や、偏りが明確になり、これから買い足すべきアイテムも見えてくるはずです。

色のグラデーションで並べる

アイテムごとにグラデーションに並べると、見た目もスッキリ。服の指定席が決まるので、お洗濯の後に戻す場所も迷いません。

chapter 6

センスを高める

サイズよりライン

洋服を選ぶときに、必ずみなさんサイズを見ますね。

S、M、L……あなたのサイズはどれですか？　いつも同じサイズを買っていませんか？

MかLのどちらかを買うことが多い人で、試着して両方のサイズが入った場合、多くの人は小さいサイズを買ってしまう傾向があります。

小さいサイズでありたい願望はわかります。

でも、ちょっと待ってください。誰もサイズ表記なんて見ていません。見られているのは、あなたが着ている姿だけなのです。

サイズにこだわるより、試着して、スタイルをきれいに見せてくれるラインにこだわって選ぶことが何より大切なのです。

Mサイズでお尻のラインが強調されるより、Lサイズで余裕をもたせた「ちょいゆる」ラインのほうが、断然、かっこいいのです。少しゆとりができることで、品よく、かえってスマートに見えるものです。

あなたを細く見せてくれるのは、「サイズではなくてライン」。それを覚えておいてください。

甘めのトップスは引き算が必要

レースやフリル、たっぷりのギャザーが入った、かわいらしい印象のトップスはどんな世代にも人気のアイテムですが、媚びた印象にならないよう、気をつけながら取り入れたいものです。

甘めのデザインは、色味で甘さをカバーすること。ペールトーンなどの淡い色はNG。甘さを強調してしまうのです。黒や紺、カーキなど、甘さをおさえた色がおすすめです。淡色にしたいのなら白にしましょう。

さらに、甘めトップスのときにはパンツやタイトスカートなど、定番の脇役アイテムを合わせて、甘さを引き算してくださいね。間違っても、ふんわりギャザースカートなどで甘さを強調しないこと。大人コーデの基本です。

ギンガムチェックでスタイルがよくなる秘密

大前提として、服は無地がいいと思っています。ただし、唯一の例外があります。それがギンガムチェックのシャツです。シャツ全体に柄が入っているので、無地のシャツに比べて身体のラインが目立たないのです。

白×黒や、白×紺の大きすぎないチェックがおすすめです。上半身にボリュームのある人は、ぜひ取り入れてみてください。この場合も、「ちょいゆる」は基本です。細く見せようとタイトなシャツを着ると、胸元のボタンが引っ張られて、太さを強調してしまうことになります。シャツには少しだけ余裕をもたせ、袖をロールアップしましょう。手首を見せることでバランスをとって着こなせます。

一方、定番と思われているボーダー柄カットソーですが、これは太って見られがち。しかも、ボーダーということは、すでにそこで2色を使っていることになり、コーディネートが難しいアイテムなのです。流行っている年も、無理に着る必要はありません。そうはいっても、根強い人気アイテムであることは否めません。スッキリした印象で着こなすためには、ダークな紺や黒の地に白い線が入ったものを。ワイドパンツなどにインして着ると、ウエストマークでくびれができることで細身効果が増し、スタイルアップします。

ボーダー柄はあくまで主役アイテム。着る場合はアクセントとして、それ以外はシンプルにまとめましょう。

腕が細く見えるノースリーブは？

夏に大活躍のノースリーブトップス。1枚で着る機会も多いのではないでしょうか。ところが、多くの人が着ているわりには、トップスの中でも、選び方が一番難しいと言っても過言ではありません。ポイントをおさえて選びましょう。

ノースリーブは、肩線の幅とアームホール（腕が出る部分）の形によって、腕の太さがまったく違って見えるのです。

たとえ腕が細い人でも、合わない形を選んでしまうと太く見えてしまいます。逆を言えば、太めの人でも細見えする形があるということ。一人一人の体型によって合う形もさまざまですが、たいていの場合、アームホールが縦に開いたデザインのほうが細見えするものです。

ANALOG LIGHTING オリジナル、タックインスリーブトップス。お仕事にもカジュアルにも使える、上質なカットソー素材が理想的。縦に開いた袖から見える二の腕はスッキリと、細見え効果大。

tuck in sleeve tops ··· ANALOG LIGHTING

写真のような、生地が腕周りを覆ったデザインは、ノースリーブが苦手な方でも抵抗なく着られるでしょう。

アームホールに丸みのあるデザインは、腕が太く見えがちですので要注意。いっそのこと、肩から少し落ちたフレンチスリーブなどにスイッチして。

二の腕が気になる方もそうでない方も、自分に合った形を見つけて素敵に着こなしましょう。

肩幅広めさん、なで肩さんへのアドバイス

骨格がしっかりした肩幅広めさんは、男性的なかっちりしたデザインは避け、やわらかい雰囲気を意識したいもの。身体のラインを強調しない、ゆるめのニットやチュニック、ドロップショルダーなどを選んで。本来のウエストや肩の位置をあえてずらすことで、角を取るイメージです。

ポイントは、形でメリハリをつけないこと。ウエストをシェイプしたデザインなどくびれを強調するのは、ウエストの細さより肩幅の広さが際立ち、マッチョな印象を与えがちです。

ウエストをマークする場合は、ブラウジングがマスト。ラインにゆとりをもたせ、バランスをとるよう心がけたいものです。また、ボリュームのある肩には、ラグランスリーブやアメリカンスリーブはＮＧ。首元から斜めに入った切り替えは、肩幅の広さを強調してしまいます。

服のラインだけでなく、切り替え位置にも意識を向けて選んでくださいね。

華奢な印象のなで肩さんですが、身体のラインがはっきり出てしまう、ぴったりした細身トップスは避けたほうがいいでしょう。肩幅と頭のバランスは、スタイルの印象を大きく左右します。なで肩さんのようにコンパクトな肩幅は、どうしても頭のサイズを強調してしまいがちになります。そこで、全身のバランスにも目を向けて、上半身での華奢さアピールは肘から下だけにおさえるようにしましょう。

おすすめなのは、コクーンラインなど、ゆったりしたラインのトップスで上半身にボリュームを出すこと。髪をまとめたりヘアスタイルをタイトにすることで、肩幅と頭のバランス、３：１を目指して。バランスがとれると小顔効果もありますよ！

ストールをゆったり巻いたり、肩がけカーディガンなどもおすすめです。

小柄さんはワンカラーコーデでスッキリと見せる

日本人の平均身長は158センチといわれます。それよりも小柄な人は、色で統一感をもたせて、縦長のラインを際立たせると、すらっとした印象を与えます。

小柄な人が膝丈のボトムスを履いた場合、トップスとボトムスの色の分量が同じになり、身長の低さが強調されてしまいがちです。そんなときは、色を揃えてワンカラーコーデにしてみましょう。全体をワンカラーにすることで、上下がつながり縦長効果が大となります。

2章のSTEP3の復習ですが、ワンピースやオールインワン、セットアップがおすすめ。それ以外でワンカラーコーデにするときは、ぴったりと同じ色、そして可能な限り同素材にしてください。

アウターもぜひロング丈を取り入れてみてください。ロングカーディガンなどは縦のラインをつくるのにとても便利なアイテムです。

足元は、ソックスは避けたほうが無難です。短いパーツで色を分けないほうが、ぐっと統一感が出るものです。冬はロングブーツもおすすめです。

定番にしてほしいポインテッドトゥの8センチヒールですが、150センチ以下の人はちょっと高すぎる印象も……。5センチヒールくらいがバランスがとりやすいでしょう。

年齢とともに襟ぐりは深くしていく

40代になると、体型にも変化が出てきます。若い頃に似合っていた服が、似合わなくなってきたことに気づいた人も多いのではないでしょうか。

たとえば、タートルネック。首元にぴったりフィットしたデザインは、どことなく違和感を感じるもの。年齢とともに、どうしてもあごの周りがゆるくなってきます。少しの変化なのですが、そこにフィットしたタートルをもってくると、顔が大きく見えてしまいます。

こういうときは、首周りから少しだけ離したオフタートルにします。違和感のあったタートルネックも、顔周りにゆとりをもたせることでフェイスラインの強調を緩和して、スッキリした印象になります。

反対に、年齢とともに似合うようになるスタイルもあります。

たとえば、脂肪が落ちてスッキリしていくデコルテ。そんなデコルテをアピールしない手はないのです。

おすすめは深めのVネック。深めの襟ぐりからのぞく鎖骨やデコルテは、大人っぽさを強調し、顔周りもシャープに見せてくれます。まさに大人の着やせスタイルの定番とも言えるアイテムです。年齢とともに襟ぐりは深くしましょう。

シャツのボタンを深めに外すのも、同様の効果があります。

胸が大きい場合は、Vのラインから少しだけシンプルなインナーをのぞかせると、いやらしさをカバーしてくれます。胸の谷間見せにならないように気をつけてください。変化する体型にも向き合いながら、オシャレを楽しみましょう。

ボリュームトップスのときは髪型をタイトに

ザックリしたニットやビッグシルエットシャツなど、ボリュームのあるトップスとのコーディネートは、バランスが大切です。

薄手の素材などは、ボトムスにインしてウエストマークしたほうが、脚が長く見えます。短めの丈のトップスには、基本のボトムスの中でも、ワイドパンツやテーパードパンツ、タイトスカートがおすすめ。

お尻まで隠れる丈や、厚手のニットなどには、ガールフレンドデニムやタイトスカートのように、細身のラインを合わせたほうがスッキリとまとまります。

いずれも、髪型はタイトなほうが、バランスがとれます。

ロングヘアーの場合はひとつにまとめるなど、コンパクトにしましょう。ボリュームのあるトップスとは対照的にして、メリハリをつけるのです。

気づいていない方が意外と多いのですが、髪型とファッションは密接に関係しています。同じ服を着ていても、しっくりこない、オシャレに見えないというときは、たいてい髪型が問題です。私がお客さまにアドバイスをするときに、服の話よりもまず、美容院にお連れすることもあるくらいです。外出するときは、ヘアスタイルを含めた全身のバランスを確認しましょう。

傘もベースカラーにしてみる

雨の日限定で持つ傘ですが、傘もコーディネートの一部です。どんな服にも合わせやすい1本をおさえておきましょう。

意外と多いのが、目立つ柄や色で主張する傘です。そのような傘は、主役アイテムになり、シンプルな服に合わせる以外は、コーディネートの足を引っ張ることになってしまいます。傘を買うときは、デザインだけで選ぶのではなく、服に合わせることを考えて選びたいものです。

私のおすすめは、無地のベースカラーです。

コーディネートの基本になるベースカラーにすることで、どんな服、バッグや靴と合わせても、傘だけが一人歩きすることはありません。

ただ、黒や紺の傘は、さすがに色味が重く、男性っぽくなりがちですので、中間色であるグレー、ベージュ、トープ、カーキなどが最も使いやすいと思います。

アウトレットは質の高いものを手に入れるチャンス

私は、バッグや靴などは特に、数はいらないけれど、質のいいものを持ちたいと思っています。コーディネートを格上げしてくれる小物たちですが、高くてなかなか手が出にくいもの。そんなアイテムはまずアウトレットで探してみましょう。

アウトレットには定番のアイテムというよりシーズンカラーや個性的なデザインの

ものが多くあります。お得に買えるからといって、安易に買ってしまうことのないよう、本当に使えるものだけを見極めることが大切です。必要なものが見つからない場合は買わない選択をする、ということを覚えておいてください。

せっかく来たのだから、と、衝動的にデザイン性の高いものにとびついてしまいがちですが、お得に買い物するはずが、無駄になっては本末転倒です。買い物の仕方を見直しましょう！

アウトレットを賢く活用するためには、まず行く前に、クローゼットを見直すこと。あたり前のようですが、これを、意外にやっていない人が多いのです。クローゼットを今一度見て、買い足すものを把握してから出かけましょう。

さらにもうひとつコツがあります。それは、自分の定番のアイテムを探すこと。基本のボトムスなど、脇役アイテムの充実がコーディネートの幅を広げてくれることはもうおわかりですね。目をひくデザインアイテムを購入しがちですが、毎日着る基本アイテムこそ、いいものを持ちたいもの。デザイン性の高いものより、使いまわしやすいベーシックなものを優先に買い足していきます。

それでは、デザインアイテムで本当に気に入ったものを見つけてしまったら？

持っている服や小物とのコーディネートを考えて、3コーデくらいに使えそうなら買う、などルールを決めて購入することが大切です。

目にとまったアイテムだけを見て購入しないことが、クローゼットをいかす重要なポイントなのです。

おわりに

とっても素敵で目をひくほどの服たちも、色が重なると主張し合って際立たない。そんな素敵な服たち一着一着を、ちゃんとコーディネートの主役として輝かせてあげたい。そんな気づきから始めたファッションの講座が、この本の始まりでした。この場をお借りして、気づきをくださったみなさまに心よりお礼申し上げます。

そして、私の伝えたいことの一つひとつに向き合ってくださったＫＡＤＯＫＡＷＡ編集部、アートディレクターの三木さん、フォトグラファーの林さん、小林さん、ヘアメイクの和田さん、わからないことだらけの私にずっと寄り添ってくださった深谷さん、本当にありがとうございました。深く感謝申し上げます。

この本で伝えたかったことは、コーディネートの公式。公式さえわかってしまえば、何も難しいことはないのです。ファッションには、毎日を楽しくするチカラがあると信じています。みなさんの毎日が、もっと楽しくなりますように……。

著者

杉山律子（すぎやま　りつこ）
パーソナルスタイリスト。「媚びないスタイル」をベースに、ファッションアドバイスを行う。学校在学中からスタイリストアシスタントとなり、有名デザイナーから仕事を依頼されるなど頭角を現す。さらにスタイリストとして独立し、映画・広告など幅広い分野で活動。結婚、出産を経て、「さらに多くのファッションに関わりたい」との想いからパーソナルスタイリストの活動を開始。スタイリスト経験で培った「審美眼」をもって顔立ち、内面からのぞく雰囲気と、ラインや丈にもこだわりぬいた「一番、素敵に見えるスタイル」を提案し、定評を得ている。また、整理収納アドバイザーとしても実績をもち、毎日のコーディネートに活かせる「クローゼットのレイアウト法」も伝えている。

著者ホームページ：https://www.style-jiyugaoka.com/

クローゼットは3色《しょく》でいい

2017年５月26日　初版発行
2018年７月30日　７版発行

著者／杉山《すぎやま》 律子《りつこ》

発行者／川金 正法

発行／株式会社KADOKAWA
〒102-8177　東京都千代田区富士見2-13-3
電話　0570-002-301(ナビダイヤル)

印刷所／株式会社廣済堂

KADOKAWAカスタマーサポート
［電話］0570-002-301（土日祝日を除く11時～17時）
［WEB］http://www.kadokawa.co.jp/（「お問い合わせ」へお進みください）
※製造不良品につきましては上記窓口にて承ります。
※記述・収録内容を超えるご質問にはお答えできない場合があります。
※サポートは日本国内に限らせていただきます。

定価はカバーに表示してあります。

ISBN 978-4-04-602005-5　C0077